现代出版学丛书

编辑的伙伴

The Editor's Companion

珍妮特·麦克肯丝 (Janet Mackenzie) ◉ 著

黄先蓉　姚　磊 ◉ 译

苏州大学出版社

图书在版编目(CIP)数据

编辑的伙伴/(澳)麦克肯丝(Mackenzie,J.)著;黄先蓉,姚磊译.—苏州:苏州大学出版社,2007.7

(现代出版学丛书)

书名原文:The Editor's Companion

ISBN 978-7-81090-894-8

Ⅰ.编… Ⅱ.①麦…②黄…③姚… Ⅲ.编辑工作 Ⅳ.G232

中国版本图书馆 CIP 数据核字(2007)第 121452 号

著作合同登记号 图字: 10-2005-114 号

现代出版学丛书

Contemporary Publication Studies Series

总策划

吴培华

策　划

李寿春

编辑的伙伴

The Editor's Companion

著

珍妮特·麦克肯丝

译

黄先蓉　姚　磊

责任编辑

汤定军

出版发行

苏州大学出版社

(苏州市干将东路 200 号　邮编　215021)

印　刷

常熟高专印刷有限公司

(常熟市元和路 98 号　邮编　215500)

开本　787mm×960mm　1/16

印张　16.5　**字数**　280 千

版次　2007 年 7 月第 1 版　2007 年 7 月第 1 次印刷

书号　ISBN 978-7-81090-894-8

定价　22.00 元

现代出版学丛书

随着知识经济的发展，编辑面临着诸多挑战：科技正改变着出版业，文字让位于图片，写作被陈词滥调、广告宣传和胡编乱造所歪曲。编辑比任何时候更需要给信息增加价值，把读者从厌烦和疑惑中解脱出来。

《编辑的伙伴》一书解释了编辑出版所需的传统技术，以及如何让这些技术适应数字化产品，描述了编辑在处理各种印刷出版物（print publication）和电子出版物（screen publication）时——从幻想小说、学术著作、口述历史到网页、政府文件以及公司报告——所承担的任务。它给如何经营自由编辑业务提供了一些建议。本书还附录了“澳大利亚编辑实务标准”（Australian Standards for Editing Practice）。对专业编辑、媒体及出版工作人员和自编作品的出版商及作者来说，此书是一个基本工具。

《编辑的伙伴》一书涉及了编辑工作的方方面面，是21世纪内部顾问和同事们指导的替代品。

珍妮特·麦克肯丝是一位自由编辑人，有着30多年的编辑经验，她曾多次指导编辑培训的工作。她是“编辑协会”（维多利亚）的终身荣誉会员，又是澳大利亚编辑协会理事会（Council of Austrailan Societies of Editors）全国鉴定组织的召集人。

现代出版学丛书

Contemporary Publication

目录 Contents

图表目录

前言

对出版业来说，编辑这一职业正处在一个十字路口，编辑们可能前程远大，拥有比我们这一代人更高的社会地位和报酬，或者成为高速变化的世界的受害者，像拉丁文教师和速记打字员一样逐渐被人遗忘。

文本在信息传播的过程中正在被取代——主要由于文字制作的粗陋和缺乏艺术性。编辑给原始文字材料增加价值，他们将信息转变为知识。但是，编辑们适当运用的技术没有得到他们自己的重视，因此它们被忽视、被低估。编辑工作对于有效地展示信息和清晰地讨论思想是至关重要的。编辑知道如何使图书产品达到和适合它的目的。我们将各种出版物概念化，使现有的资源能最好地得到利用，无论它是一本营销小册子、一个网页、一本教科书或是一部小说，我们都能让它生产出来。

现在出现的全国范围内的对编辑这一职业的思考是一种充满希望的信号。2001 年，在全国范围内采用的“澳大利亚编辑实务标准”已附录在本书中。这个标准将编辑工作中需要的知识规范化，它对编辑原理进行了非常简洁地陈述，内容涉及详细的解释。此标准仿佛岩石岸边的灯塔。《编辑的伙伴》一书以此标准为参考点，把它看做详细的海图。

在生产过程中，编辑的角色已超越了传统的文字编辑的范畴。编辑们一方面要承担内容开发、信息设计、排版、页面设计的工作，另一方面还要做一些宣传和营销工作。电子出版要求编辑调整他们的专业来适应新的媒介，同时还要学习新的术语和技术。业余出版的发展要求编辑们能够组建出版团队、管理整个项目。《编辑的伙伴》一书介绍了知识经济中有关变动的职业描述所需的传统编辑技术。

我曾经讲授过各种级别的关于编辑的课程,从小学到研究生以及在职培训,我非常荣幸能有机会给他们提供帮助。我知道,编辑需要一些建议以帮助他们将“标准”运用到工作中,运用到工作的系统方法中,运用到如何使用电子出版上,运用到完成一次成功的自由编辑业务上。本书将一一解决这些问题。

自 1996 年以来,澳大利亚的编辑一直依靠政府颁布的《体例手册》(Style Manual)。该手册目前已经是精装版第六版了,由 Snooks 公司(John Wiley 出版公司在澳大利亚的子公司)于 2002 年出版。本书将不会在写作、排版和印刷的方方面面完全照搬该手册。本书将把《体例手册》中的建议转化至实际的编辑工作中,还为解决日常工作中遇到的问题提出建议。随着内部培训的减少以及自由编辑人的增多,编辑可能成为一项寂寞的职业。从某种程度上说,本书将能替代那些友善的指导,并且能够确保这些建议与内部顾问及同事们曾经提供的建议一致。

感谢我的顾问墨尔本大学出版社的卡米拉·拉伯(Camilla Raab)、彼得·琼斯(Peter Jones)和彼得·赖安(Peter Ryan),是他们带我走上编辑之路。感谢澳大利亚编辑学会理事会允许复制“澳大利亚编辑实务标准”,感谢澳大利亚编辑学会理事会的成员以及负责标准和鉴定的团队给了我愉快的合作。感谢约翰·班克圣德(John Bangsund)、麦克·克鲁克(Mike Crooke)、彼得·冬诺(Peter Donoughue)、苏珊·霍索恩(Susan Hawthorne)、帕梅拉·修特(Pamela Hewitt)和珍妮特·索尔兹伯里(Janet Salisbury)许可我使用他们享有著作权的资料。

感谢同事们的鼓励、建议和指正,他们是:切斯卡·贝克(Trischa Baker)、罗伯特·伯恩(Robert Byrne)、阿曼达·柯汀(Amanda Curtin)、凯斯·邓赛福德(Cathie Dunsford)、凯瑟琳·格瑞(Catherine Gray)、帕梅拉·修特(Pamela Hewitt)、爱德·海尔莱(Ed Highley)、詹姆士·凯利(James Kelly)、布雷特·洛克武德(Brett Lockwood)、山姆· 麦肯尼兹(Sam Mackenzie)、海伦·贝休恩·摩尔(Helen Bethune Moore)、罗伯特·摩尔(Robert Moore)、莎伦·内威尔(Sharon Nevile)、瑞·欧法雷尔(Ray O'Farrel)、瑞尼·奥特玛(Renée Otmar)、珍妮特·索尔兹伯里(Janet Salisbury)、尼克·沃克(Nick Walker)、王兰(Lan Wang)、安德鲁·沃特森(Andrew Watson)。特

别感谢基尔·亨利(Jill Henry)、苏珊·基奥(Susan Keogh)和剑桥大学出版社的员工,以及自由编辑人、编辑简·丹(Jean Dunn),设计师劳伦·斯坦汉姆(Lauren Statham),索引编制人马克斯·麦克马斯特(Max McMaster)给我提供的专家意见。全书如有误,文责由本人自负。

同时,对授权代理人艾尔·洛泽斯凯(Al Rozefsky)表示深深的谢意。

珍妮特·麦克肯丝

2004年3月

1 编辑背景

对出版而言，编辑是一个不知名的职业，人们对它的印象通常是修改语法和标点符号，这些的确是编辑要做的工作，但是编辑工作还包括其他使这项工作具有吸引力的许多方面。如果你的确适合从事这项工作，那么编辑工作会是你觉得最有乐趣的工作。

什么能造就一个优秀的编辑？编辑有着许多共同的特点：他们热爱思想、文字和图书。在这个日趋专业化的世界中，大多数人将成为专家。出版业是由女性掌控的行业，其中绝大多数职位被女性占有。

目前盛行两种矛盾的类型：一种是 Jack Onassis 型，他们在最高档的社交场所举办沉闷的午宴，出席的人都是文化界知名作家和杰出的诗人；另一种则是眼光犀利、具有“肛门人格”[1]的守旧型，他们用铅笔在原稿上重重标注出无恶意的批评。实际上，无论适合哪种类型的编辑都不会偏离他们很远。编辑被比做中年妇女、外科医生，甚至是变色龙，但是，最恰当的比喻是无机物：“优秀的编辑可以被比做完全透明的棱镜，是组成双目镜的重要部分，他们不是为了改变某种观点或变换某个场面，而是使这些更清晰、更贴近。”[2]

编辑技能

编辑一职要求具有一系列非常完美的优点：

---

〔1〕“肛门人格”是佛洛伊德精神分析学中的一种人格分类，他认为具有这种人格的人有三个特点：小心谨慎、节俭（吝啬）、固执——译者注。

〔2〕引自路易丝·波兰的“类型之外：澳大利亚出版业中的女性，1931—1973”，硕士论文（出版），莫纳什大学，2002 年，第 116 页。

● 沟通技能：编辑有着清晰的写作沟通能力，他们可以用不同的身份和风格写作，还可以成为作者的代言人。

● 社交技能：编辑行为得体，耐心、灵活，善于谈判以及能尊重他人的观点。

● 认知技能：编辑善于进行提炼、感知、评论性思考，他们可以迅速确定一件作品的实质，并且能抓住根本的概念和主题。

● 阅读技能：编辑运用各种策略来获得文中的内涵，如略读、跳读和分解。

● 想象力和主动性：编辑通过想象读者的需要获知如何将原始的文字材料转变成令人印象深刻的出版物，他们善于随机应变地解决问题和发现信息。

● 对细节的集中、坚持和关注：编辑可以一连数日或几周琢磨那些复杂的文字材料。这是一种艰苦的关注，是系统的、小心谨慎的、反复多次的工作。

● 管理和行政技能：编辑善于组织、区分先后顺序并按时完成任务，他们对不同阶段的方案可以进行多次的、没有时间限制的追踪。

● 团队成员：编辑善于合作，他们希望作者或出版队伍能对他们的工作给予好评。

从某种程度上说，编辑处于一种在附属和分离中寻找平衡的思维状态。一方面，你很在意你的工作，希望能做好；另一方面，你常常对项目有很低的控制能力——目的、设计、资源——所以你必须能放开它，不因任何过失或失败而自我贬低。在一些工作中，你所能做的是用另一种表达方式将废物变为平常之物，你不可能把粪块磨光。正如俗话所说，编辑的立场是“倾力做我分内的工作，但不承担责任”：你勤奋工作，但结果的全部责任属于出版团队。

一些编辑非常谦虚，声称他们的工作是无形的。的确，非专业人士不可能看到他们工作的成效，但是，要求一本编辑良好的出版物就像要求一个精心照料的花园或一顿精制的膳食那样显而易见。

编辑技能的运用

编辑的工作实践并不仅仅限于专业编辑。许多工作也要求“有效的写作沟通技能”。我们这个文化高度发展的社会更看重那些能够运用语言进行解释、指导、说服或娱乐的人。

从某种程度上说，每个作者都是一个编辑，无论他的产品是幻想小说还是给报社写的一封信函，都需要掌握我们在这里解释的一些原则。这些原则同样可以适合那些与传统意义上的出版物不同的语言交流方面。教师准备讲义和商人进行展示都必须考虑结构和语言，将语言和图片结合起来，根据受众的需要来制作材料。

精明的管理者和工作人员知道细节上的疏漏，例如拼写错误，会降低本组织的可信度，有的会导致委托人的不满。而且，条理清晰的文笔可以节省很多时间和金钱。在英国，"通俗易懂的英语"活动评估认为："每年仅仅由于散漫随便的书写引起的错误、低效以及失去生意而造成的损失高达600亿英镑。"[1]

下面几章中的多数案例是从一些书籍中选取的，但是这些原则却可以或多或少运用在任何印刷出版物和电子出版物中。编辑工作带来的明确和精准可以让它们实现增值：

- 媒体发布
- 报刊文章
- 小册子
- 研究报告
- 技术报告
- 申请
- 标书
- 说明书
- 目录
- 法律文件
- 议会条例
- 政府规章
- 表格与问卷
- 宣传和广告
- 产品信息
- 章程

〔1〕 大卫·克里斯特，剑桥英语语言百科全书，第2版，第377页。

- 年度报告
- 提案与评估
- 商务信函与备忘录
- 情况说明书
- 菜单
- 履历
- 学习材料
- 家史

图书产业

虽然在很多行业中都有编辑一职，但是图书出版业是编辑的发源地和核心行业，所以，我们要对它进行简单地回顾。

在今天的澳大利亚，出版界正处于在商业和科技剧变的迷乱中谋求生存的状态。在混乱的环境下，只有眼光长远才是镇定之举。海德塞特(Hindsight)告诉我们，今天出版业的趋势困扰着我们——大众文化的商业化、科技竞争的激烈、跨国公司整合的控制力逐渐增强，这还仅仅是未来变革的最初的几个篇章。[1] 然而，我们可以自信地说图书正在发生变化，图书贸易也不再是过去的样子。

澳大利亚的图书业长期以来被外资公司所控制，曾经是英国公司，目前是跨国公司。一般的模式是，小的本地图书公司先成立，然后建立自己的品牌，接着被国外巨型图书公司购并。刚露头角者和购并者迅速地依次出现在这场冷酷的抢座位的游戏中。图书业伤心地看到古老的奥古斯罗伯逊公司(Angus & Robertson)被哈珀·柯林斯公司(HarperCollis)购并，成为新闻集团众多成员中的一员。但是，与20世纪60年代相比也并不全是坏消息，在那时你很难找到全资的澳大利亚出版商，只有一些小型的独立出版商。

---

〔1〕 见朱迪斯·布瑞特的"出版，审查制度和作者的收入"，见劳里·黑金翰（编），澳大利亚新文学史（企鹅，墨尔本，1988）454—66 页，另见希拉里·麦克菲，别家之言（潘·麦克米兰，悉尼，2001）。

悉尼是大多数主要商业和教育出版商所在地,包括麦格劳·希尔(McGraw-Hill)、西蒙·舒斯特(Simon & Schuster)和霍德·海德莱茵(Hodder Headline),以及一些主要的独立的澳大利亚贸易公司,如艾伦·尤因(Allen & Unwin)、达夫·斯耐尔格洛夫(Duffy & Snellgrove)和海尔·艾尔芒格(Hale & Iremonger)这样的小公司。根据澳大利亚统计局的数据,悉尼的图书出版占全国出版的一半。[1] 墨尔本则是一些大出版公司的总部所在地,包括企鹅出版社、麦克米兰教育社、哈考特和培生,以及一些大学出版社,如墨尔本大学出版社、牛津大学出版社和剑桥大学出版社。墨尔本还有ABC图书公司、澳大利亚广播公司的出版分支机构,以及一些小型的专业出版商,如洛锡安图书(Lothian)、文本出版(Text)、作者出版(Scribe)、三齿稃出版社(Spinifex)以及孤独星球出版社。以墨尔本为基地的出版社出版了全国40%的图书,其余的10%散布在全国的其他城市。在布里斯班[2]有昆士兰大学出版社,那里出版诗歌、小说以及学术著作,还有约翰·威利父子出版社(John Wiley & Sons)。佩思有西澳大利亚大学出版社和一些商业出版社,例如,福里曼特艺术中心出版社(Fremantle)、韦克菲尔德出版社(Wakefield)(阿德莱德市)、麦格巴拉图书(Magabala)(布鲁姆镇)、土著开发学会出版社(爱丽丝斯普林格市)以及土著研究出版社(堪培拉市)等小型出版商,这些出版社虽然在经济上不起眼,却有着重要的文化意义。

一个女性产业

与澳大利亚其他产业不同,图书出版业是一个女性产业。在5 000名从业人员中,有三分之二是女性。在编辑中,女性与男性的比例是9比1。但是,和其他产业一样,男性占据了拥有最后决定权的领导地位。在澳大利亚的出版业中,女性的地位没有受到重视,正如一位研究人员指出的那样:“尽管有一些知名的女性作为例外,澳大利亚的图书史上将女性大大地遗漏掉了,这导致澳大利亚主流印刷文化的历史出现了极大的性别偏颇和扭曲。”[3]

[1] 书商,澳大利亚,2001—2002,目录号1363.0,2003年9月。本章中所有澳大利亚统计局的数据都引自该报告。

[2] 为澳大利亚东部港口城市,昆士兰州首府——译者注。

[3] 路易丝·波兰的“类型之外:澳大利亚出版业中的女性,1931—1973”,硕士论文(出版),莫纳什大学,2002年,第10页。

据说，大部分读者，特别是小说读者，是女性。

作者的地位

澳大利亚的作者感到很脆弱，在被精于算计的人所困扰的同时，又被无知的公众所忽视。的确，出版社已经放弃了培育作者技能的任务，但是现在有一些补偿性的措施。近几十年来，政府通过建立"澳大利亚理事会和公众借阅权"(Australia Council and the Public Lending Right)，增加了对作者的赞助。十几个作者中心，包括文学竞赛、奖励、基金、作家节等，提供支持、陈列以及在成人教育、大学和 TAFE[1] 里大量开设创造性的写作课程。大多数主要小说和教育图书的作者是澳大利亚本地人，他们中的一些人靠写作合理地谋生，而那些在国际上获得成功的作者常常失去与本地出版社合作的机会。

趋　势

如果我们从长远的发展来看，有些图书出版的趋势是积极的。虽然受海外利益所控制，但我们的文化并没有被弱化，国家的话语也没有丢弃：与 30 年前相比，我们能读到更多的澳大利亚本土的书籍。在 2001—2002 年期间有9 000多种新书问世，全年的图书销售也比前一年增长了四分之一，约 13 亿，其中澳大利亚的图书从 1969 年的十分之一到目前已超过一半。本地教育类、小说类和非小说类图书的价值超过了进口图书——以非小说类图书为例，已增长了 179%。然而，我们在儿童图书上仍然落后：三分之二(价值)为进口图书。由于一些本地的出版商主要为国外市场生产，全球英语图书的出版种类双向减少。出口额占整个图书销售的 14%，出版商的利润在 2000—2001 年的低潮后保持稳定，这可能也反映出图书首次加税的影响。

虽然澳大利亚图书品种迅速窜升，一些人认为这并不是一种健康的繁荣，他们更希望看到数量略少但质量上乘的图书，他们认为好书被混杂在劣质图书中。当然，一些图书尚欠火候，有的只是半成品，但我们必须看到：例如，在维多利亚时期，人们既能看到一些无聊之作，又能读到达尔文和狄更

---

[1] TAFE 全称为 Technical and Further Education，是澳大利亚的职业教育体系——译者注。

斯的名篇。(你们应该看看我的祖父在19世纪90年代从学校得到的作为奖品的图书。)

出版商90%的利润来自于图书销售而不是版权销售。有消息说,在2001—2002年度纸质图书的收入为80亿,与之相比,电子和音像类图书的销售收入为1.2亿,我们可以看到传统的木浆纸的形式还远远不能被废弃。虽然电子出版即将到来,但还没有人能真正找到通过它获得利润的途径。一些主要的出版商们通过审视世界最大的媒介集团时代华纳公司(原AOL时代华纳)的困难来反思自己的投资,他们认为扩大规模并不一定能获得更多的利润。甚至更明显的是,一些安全的小型出版商会遭遇全球重大事件的影响,例如,孤独星球公司发现旅游图书的销售自2001年"9·11"事件后便陷入了低谷。

一个新的趋势是,澳大利亚的出版业正在沉思和经受着学术审查。"最近刚完成的一个书目逐条列记了63个由澳大利亚作者发表的关于图书出版的高水平论文,其中包括图书贸易以及相关主题,还有12个目前正在澳大利亚开展的高水准研究项目。"[1]

澳大利亚的图书出版业面临许多压力——知识产权权利的变化、知识的数字化转变、阅读习惯和方式的变化。到目前为止,出版业仍是充满活力和有弹性的。听到年轻读者的希望我们很受鼓舞:"一些澳大利亚的儿童图书出版社说本国的图书业正在进入黄金时代,被'渴望图书的儿童们'和来之不易的认同所激发,值得对儿童图书进行文化投资。"[2]

出版业的各种角色

"编辑"一职是在图书产业中产生的,但编辑的技能在各种写作交流中都需要用到。过去,速记员例行公事地修改老板的语法以完善他们的表达。现在,每个人都自己打字,许多团体和政府机构雇佣编辑给信息增值,确保

〔1〕 路易丝·波兰的"类型之外:澳大利亚出版业中的女性,1931—1973",硕士论文(出版),莫纳什大学,2002年,第20页。

〔2〕 米歇尔·哈默,"儿童图书终于到达成熟期",时代,2003年8月16日。

其沟通有效并具有一定的文化水准。

编辑的工作场所多种多样，很难全部概括出来，但是通常我们可以将编辑、作者、出版商三者加以区别。[1]

编　辑

在许多情况下，编辑管理出版项目，从制订出版计划到投放市场，各种大大小小的事情都要做。大的出版公司通常把编辑的任务进行细分，虽然有的工作头衔不同，但工作内容大同小异。代理人编辑（commissioning editor）［合同代理编辑（acquisitions editor）、管理编辑（managing editor）、出版商（publisher）］担负着管理的工作：同作者一起开发思想、协商合同、撰写出版建议书、草拟预算、组建出版团队以及监督生产。编辑［文稿编辑（copyeditor）、版面编辑（line editor）、案头编辑（desk editor）］所做的琐碎工作在下章中讨论。

作　者

出版物的作者可以是一人或几人，也可以是一个机构。在教育机构、公司和政府的出版中，个人制作的草案可能会被其他人改写然后再经过机构的认可。

有时，作者很少从事实际的写作工作。文选、文集以及参考书有很多的作者，但只有一个或两个人对内容全面负责。对于一个历史日记或者一部古典文学作品，丛书编辑（volume editor）［协调编辑（co-ordinating editor）、学术编辑（academic editor）］承担了作者的任务。名人自传类的图书通常由他人代写，一些教科书常常借知名学术人士的名义，而大量的工作是他们的部下完成的。

本书中的“作者”是指在出版过程中承担作者决定权的人。虽然有此限定，但编辑必须尊重作者的精神权利和作品的完整权。

在本书中我用阴性代词指代作者。

---

〔1〕 黛安·布朗的“出版文化：澳大利亚的盈利性图书，1970—2000”中介绍了几种出版组织模式，博士论文，维多利亚大学，2003，82—126页。

出 版 商

出版商也同样很难归纳其角色。最简单的定义是:编辑在图书产业的出版社工作,出版商是他们的老板;出版决策是由代理人编辑提出并经过高层管理人批准而作出的。对于自由编辑人来说,出版商通常就是委托人。当然,对于自行出版的作品,出版商也就是作者。在组织和政府的出版中,媒体单位或公共关系部担当了出版商的角色。

其实,出版商是控制出版预算和进程并决定出版物种类和质量的人。

同 事

编辑的同事有设计人员、排版工人、索引编制人和校对员,对于一些出版物来说还有图片研究员、许可编辑、摄影师、插图画家以及制图师。其职务内容也是不固定的:在有些项目中,编辑不但要从事编辑工作,还要从事校对、版式设计和索引编制工作;桌面出版商还要做设计、排版工作。出版社通常将这些业务外包出去,甚至出版社内的编辑通常会与他们平时不太注意的同事们一起工作。

读 者

在那些不同的人物中,潜在的看不见的人物——读者是最重要的,这是整个出版的目标。编辑通常在心中想着目标读者的形象,以塑造出版物的内容和形式来满足读者的需求。

在本书中我用阳性代词指代读者。

职业画像

一直以来,理性经济学理论支配着所有的商业企业,但是出版商开始认识到牺牲编辑标准换取财务底线使他们失去了什么,彼德·多诺格是澳大利亚约翰·威利父子公司的管理主任,他警告说:

当名人无法写作、公司开始欺诈、演员不再歌唱、记者操纵议程、政客欺骗、组织畏缩时，我们需要高水平的编辑去生产读者信任的文字产品。在文字滥用的不安全时代，我们这些从事信息工作的专业人士需要具备应对错误信息、骗局、伪善之言、陈词滥调以及杜撰的勇气。

我们比任何时候都需要编辑致力于质量和卓越的品质。这样的编辑一直以来在出版界不受重视。将编辑工作中最大和最重要的部分外包出去的做法已经实行几十年了。我们的出版界认为，正如不需要写作或印刷一样，我们也不需要有这些功能。但是我认为，正因为如此，出版业才成为一个困顿的产业。作为出版商，我们的标准已经降得很低了，图书产品的质量以及文字本身的质量仍无法达到标准，我们对编辑工作付出得越少，情况越是如此。这正是我们所担心的。如果希望提高质量，我们必须依靠编辑的工作。[1]

在过去几年中，编辑开始应对这种挑战。

澳大利亚编辑协会理事会

在澳大利亚，编辑是以联邦为基础组织起来的，每个州和地区都有独立的编辑协会，其中最早的是1970年成立的维多利亚协会。1998年，这些协会联合起来成立了澳大利亚编辑协会理事会（简称CASE），理事会由各协会的主席或提名人组成，大约一年召开一次见面会，其余的时间通过网络联系，互通电子邮件或召开远程电话会议。

尽管性质松散，CASE取得了一些重要的成绩，承担了一些全国范围的促进编辑工作和提高编辑水平的项目。它办了一个全国性的杂志——《澳大利亚编辑》，发行两期后停刊了。更为成功的是开发了“澳大利亚编辑实务标准”，下文将详述。2003年7月，在布里斯班召开了首届澳大利亚全国编辑会议[2]，制订了全国鉴定资格的推进计划。[3]

建立全国范围的专业统一不是件容易的事，每个协会有自己的特性——例如，在堪培拉和塔斯马尼亚，一些编辑为政府部门工作——所以需

〔1〕 CASE全国编辑会议中的演讲，布里斯班，2003年7月。

〔2〕 一些会议论文公布在昆士兰编辑协会的网站上。

〔3〕 需要最新信息见www. case-editor. org，由南澳大利亚协会主持的被称为“Editalk”（编辑谈）的在线论坛。

要考虑一些特殊的利益。编辑应该制定出一个全国适用的专业尺度。除北区外,其他的各个协会都设立了自己的网站(网站地址见书后附录),大多数协会的网站都刊登有业务通讯和相关文章。

澳大利亚编辑实务标准

此标准(详见书后附录)是一次创新——事实上,在世界范围内也是首次,它是对编辑增值信息、明晰沟通能力的一次全面表述。通过将传统编辑技能规范化,此标准在知识经济的变迁中,给编辑工作的领域打上了标记,这是一个需要防护的领域。"毕竟,没有人强迫装帧设计人员去提高他们的校对能力,也没有人要求排字工人去温习结构编辑的知识。"[1]

我有幸成为维多利亚的代表参加由 CASE 组建的标准起草小组。该小组由每个协会派出的一名代表组成,代表们有着从学术期刊到电子出版的不同编辑背景。如果你想象编辑们是如何编辑出一个关于编辑的文件的,那么你该知道这是一次全面的工作。

工作小组在 1999 年初举行了一次集会,一致同意此标准应该:

● 完全区别于任何可以或不可以遵循的鉴定过程;

● 将澳大利亚所有的专业编辑、出版社编辑和自由编辑人应具备的核心能力规范化;

● 确定编辑范围涉及印刷型出版和电子媒体;

● 把目标主要定位在传达信息的编辑,他们拥有第二级受众的编辑代理人和教育工作者。

此外,我们决定使此标准:

● 具有普遍性,不受时间的影响:不是专为某个特别的资源(例如,字典、参考书目、科学技术等)设置的专门参考;

● 具有通用性:不是为特殊的专业领域(例如,科技编辑)或是专门的职位(例如,代理人或管理编辑)编制的;

● 可为各个层次的人所应用:没有分级(例如,没有分成有经验的或是能力较低的编辑);

● 是一个关于知识的表述,不是关于任务或是由谁来做——我们不想

---

〔1〕 雷内·奥特玛,个人通信。标准可以在编辑协会的网站中下载。

制作成一个某项委托项目的核对表。

把文件称为“标准”已引起一些讨论，小组的召集人凯西·斯多夫对此做了合理的解释：

> 我们采用了麦夸里辞典[1]中名词“标准”的第一个也是最常用的定义：“将普遍赞同的意见作为比较的基础、被认可的模式”……由标准澳大利亚(Standards Australia)制定的澳大利亚标准与我们的标准不同，它们有着特殊的定义和目的。标准澳大利亚拥有其委员会开发的各项标准的著作权，可以向复制者收取费用，而付费使用标准与我们希望尽可能地广泛传播此标准的初衷相背离。标准澳大利亚已经声明编辑协会将其文件称为“澳大利亚编辑实务标准”没有任何问题。[2]

工作小组以加拿大编辑协会准备的标准和由堪培拉协会的洛马·斯努克准备的核对表为蓝本展开工作。我们将传统的编辑特性与内容编辑、文稿编辑、校对相结合，试图对它们进行细分。但是，小标题更突出了编辑任务的重叠性：你从哪里划分文稿编辑和校对的界限，或者是如何区分内容编辑和文稿编辑，或者是如何划分内容编辑和代笔人。

由此，我们将分类改为：

- A. 出版过程、惯例和行业实务
- B. 管理和联络
- C. 内容和结构
- D. 语言和图表
- E. 完整性和一致性

这要求我们把编辑的任务重新概念化。突然间，编辑的管理技术得到关注——监控、区分轻重缓急、联络、文件管理、进度控制、预见和预防各种问题。我们认识到，在这些领域中做到游刃有余和掌握拼写、语法以及排版一样重要。

从每个州及地区的专题研讨会中收集回来各种对草案的意见之后，工作小组草拟了最后提案，把该草案送达每个编辑协会的成员手中，最后得到

---

〔1〕 由澳大利亚 Macquarie 大学编辑出版，这是一本综合性词典，重视澳大利亚本国语言的地区性变化，并收入亚洲地区常用英语，词语释义许多来源于澳大利亚作品——译者注。

〔2〕 凯西·斯托夫，“澳大利亚编辑实务标准投放市场”，知识伙伴的会议，堪培拉，2001 年 4 月：堪培拉编辑协会网站，会议论文，第 1 天。

绝大多数成员的支持。“澳大利亚编辑实务标准”于 2001 年 4 月在堪培拉举行的全国编辑和索引人大会上正式颁布。

一个“标准”的学术评估机构反对与加拿大和英国相似的文件,他们认为在目前这个阅读、出版以及技术发生变化的时代,澳大利亚的这种做法是“最适当的”:

> [标准]适用的编辑范围既包括出版社内部的编辑也包括自由编辑人,他们工作中心不仅仅是语言,还包括对各式各样通用的、最前沿的新技术和出版形式的全新的理解……真正的挑战在于对新的技能的专业接受能力。[对标准的赞同]必将部分地反映出编辑应具有的技能范围的改变:不再是跟随着密切观察到的工作流程和严格的结构把编辑分为各个部门,而是一个拥有综合技术、无专业界限的编辑。对他来说,无论是一篇 HTML 网页的复制件或设计元素还是体例手册,他都能应付自如。[1]

工　会

在 20 世纪 70 年代,澳大利亚记者协会(AJA)通过和仲裁委员会谈判获得了授予图书编辑奖励的权利。AJA 从此成为媒体、娱乐和艺术联盟的一部分,这是一个包含了演员、电影服务人员和马戏工作者的联盟。这个组织可能从经济范围内获得了好处,但是对图书编辑关注甚少。

目前(2001 年)对编辑工作的奖励主要有昆士兰州、新南威尔士、维多利亚和澳大利亚首都地区,实行 38 小时的周工作时间和 4 周年假附带 17.5% 的保险金附加费,每年 8 个病假日。对兼职和临时工也有效。它提供三个层次的工作,每个层次有若干级别:实习编辑、图书编辑、资深编辑。周薪的范围从实习编辑的 532.60 澳元开始到最高级的资深编辑为 922.60 澳元。2003 年,工会建议的自由编辑人的薪酬是每小时 169 澳元或每天 673 澳元,但在目前的图书业中自由编辑人可以拿到这个标准的 2 倍甚至 3 倍[2]。要了解更多关于按小时计算费用的信息请看第 11 章现金流部分。

---

〔1〕 海亚·哈赛尼,“澳大利亚编辑实务标准:一种相对的批评”,硕士论文(出版),莫纳什大学,2003,15—16 页。

〔2〕 联盟网站 www. alliance. org. au 中有对奖励的综述:履行我的权利,选择记者们(图书业)。

工会使薪酬发生很大变化,每年税后有几百澳元的增加。工会关于自由编辑人、税收等的专题研讨会主要以记者为对象,也与少数自由编辑人相关。

贸易新闻

图书信息周报(Weekly Book Newsletter)常常被称为"蓝色新闻",记载了业界的主要新闻事件、畅销书和获奖书信息,摘录了国外的图书贸易新闻,还复制了出版商网站和 Bowker Thorpe 网站上的内容,Bowker Thorpe 每月还出版贸易信息杂志《澳大利亚的书商和出版商》。[1] 电子编辑网站中拥有英国和美国的书业信息,通过它可以了解那些国家的图书贸易新闻。[2]

《澳大利亚图书评论》(Australian Book Review)是发行历史最长的月刊杂志,它的内容形式有散文、诗歌、特写和书评。每周末还出版单面大幅报纸用以刊登文学部分的内容。

新西兰的出版业

新西兰的出版业朝气蓬勃,主要为本地市场、太平洋地区和全球市场生产学术、贸易和教育类图书。根据统计新西兰(Statistics New Zealand)的数据,1999 年有 4 800 种新书出版,销售的图书中 20% 是教育类图书[3]。本地图书写作情况因受政府支持以及包括节假日、获奖和暑期补习班的影响而波动。

出版业为跨国出版公司的分支机构所掌控,例如企鹅公司和兰登书屋,但是大学出版社——维多利亚(惠灵顿)、奥克兰和坎特伯雷(基督教堂市)——也有大量的新书出版。小的独立出版公司,包括坦德姆出版社

[1] www. thorpe. com. au。
[2] 业界新闻,www. electriceditors. net。
[3] "信息速递——通讯、艺术与科学"中的"图书与图书馆",www. stats. govt. nz。

(Tandem Press)和地平线出版社(Horizon Press)给小说作家提供了强大的支持。邓赛福德出版咨询公司(Dunsford Publishing Consultants)开展的一个开发项目使170多部新西兰和太平洋地区的作者的著作得以出版。胡耶出版公司(Huia Press)在政府的资助下出版了毛利语(Maori-language)作品。

新西兰的编辑没有一个全国的组织,但是他们参加当地的出版商论坛和非正式网络,可以通过新西兰图书委员会进入新西兰的书业组织。[1] 新西兰书商(Booksellers New Zealand)出版了一份业务通讯,新西兰邮报(Dominion Post)以及新西兰预告(New Zealand Herald)对图书进行评论。

编辑描述

在详细解读编辑的特性之前,对我们过去一些做法的反思会给这个职业的变化提供一个历史的视角。1969年,我编辑了我的第一本书,尽管我经历了各种变化,但我发现有时很难相信我们已经走了多远。

编辑的往日时光

20世纪60年代,还没有针对编辑的培训,没有薪酬标准,没有职业结构,没有安全保障。事实上,甚至在图书业,编辑是否是一个有价值的或是必要的职务还没有得到广泛的承认,更不用说成为一种职业。如果你偶然遇到一个受过训练的编辑,除了比阿特丽斯·戴维斯(Beatrice Davis)和芭芭拉·拉姆斯登(Barbara Ramsden)这样的传奇人物外,他很可能是英国人,是男性。尽管有这两位非凡的女性,编辑仍然不是一种值得选择的职业,对于一个"聪明"的"女孩"而言,编辑只是她结婚之前打发时间的一种适宜的方式。

编辑是孤立的。我们所有人进入这一行业都是出于偶然。如果幸运,我们在出版公司里会有两三个同事,但除此之外编辑之间没有任何联系,甚至不知道有其他编辑的存在。我们不仅是孤立的,我们的工作还被错误地

〔1〕 www.lpf.org.nz; www.bookcouncil.org.nz。

定义了。

那时的编辑有何不同？当然作者还是一样——类型多样，但是工作场所的独裁和男性至上是我们今天无法想象的。至于说到技术，也是非常简单原始。让我带你回到过去，引导你的思绪去唤醒往日编辑的灵魂。

让你自己舒适些，想象你的办公桌。去掉电脑、打印机、传真机以及调制解调器，取而代之的是手动打字机。办公室前台的接待员处有一台艺术级的带高尔夫球的电动打字机，但编辑是不可能有的。

在走廊里没有复印机的情况下，每个信件要打印三个副本，你最好加上碳纸。如果你不是一个很好的打字员，你需要一块打字机橡皮擦——一块中间带洞的圆盘硬橡皮，把它用绳子拴在打字机上。如果你打错了一个地方，那么你必须把三个副本中的错误一并改过来，同时还不能把纸从打字机上撤下来——否则副本就不能对齐了。如果你把最上面的一张擦掉了，就会把下面的副本弄脏；如果你的错误太多，那就只能把整封信重新打一遍。

当你开始到办公桌前处理手稿时，你最好把手洗干净，因为碳纸会让你的手非常脏。

现在，再看看办公桌吧。这里没有荧光笔，没有粘贴标签，没有涂改液。只有毡头墨水笔、高科技圆珠笔、塑料橡皮和彩纸回形针。在办公桌上放着下列物品：

- 钢笔
- 一瓶可洗蓝墨水
- 吸墨纸
- 石墨铅笔
- 铅笔刀
- 标有英寸的木尺
- 擦墨水的硬橡皮和擦铅笔的软橡皮
- 一瓶弥尔顿的漂白剂和一根玻璃棒

如果你愿意，还可以加个烟灰缸，因为这里不是可以自由吸烟的场所。由于需要剪贴，你还需要准备剪刀和胶水。

让我们再看看手稿。首先让你注意到的是它不是写在A4纸上的。它可能是打在4开的纸上或圆锥形的纸帽上，有可能两种纸都有。它可能是由不同的打字机打出来的，有的是单倍行距，但由于费用太高不能重新打印。所以纸张的尺寸、字体的大小和行距大相径庭。除了一个一个地数以外,没有别的办法来计算字数,因此基本上是靠猜测来完成对内容长度的评估。你注意到的第二件事是手稿很不清楚,那时还没有可修订的打印输出。作者通读一遍"最后"打印的副本时一般很少做手写改动,而是这里加一段那里加一段。

拿起你的钢笔开始对手稿进行加工。哦,不!我还应该提醒你,墨水用几分钟就会干,现在你把纸弄脏了,需要用吸墨纸,由于你的手上墨迹斑斑,你最好再去把手洗净。这就是为什么要用可洗蓝墨水的重要原因之一。

在对手稿进行加工时,你迟早会发现你想移动或是改正那些手写的改正笔迹——你的或是作者的,这是要用可洗蓝墨水的又一个原因。如果想把笔迹去掉,可以用弥尔顿漂白剂把墨水漂白。用玻璃棒在瓶子里蘸上药水,轻涂在墨迹上,字迹会慢慢地褪去,留下一块淡褐色的污迹在湿纸上。

当然,有时作者会忘记你关于使用墨水的要求。有些人的钢笔灌满永久性的黑墨水,有些人使用新发明的圆珠笔。这些墨迹是弥尔顿漂白剂无法漂白的。在这种情况下,你只能用硬橡皮。你在纸张上擦拭,把带有墨水的纸的表层给擦掉,使得纸的表面变得很粗糙,你在上面写字时,墨水会洇湿一大片。如果你的想法改变了,要用弥尔顿漂白剂做修改,纸就会湿成一团糟,你的钢笔尖会把纸张戳成很多洞。

今天的技术已经完全不同,但一些烦恼的问题还是同样存在。

编辑的今天

为了应对信息技术革命,编辑把他们的技能作了更新,他们精通文字处理和电子文件管理,有些编辑还掌握了版面设计和图表设计程序。

虽然出版业在地理位置上向悉尼和墨尔本倾斜,编辑却是平均散布在各个地区。从编辑协会的会员看,新南威尔士和维多利亚地区的编辑各占30%,昆士兰州略多于15%,堪培拉和其他小州加起来约为25%。目前自由编辑人有从区域性或乡村范围向远程交流发展的趋势。有些编辑专门做某种类型或主题的图书——儿童图书、法律、数学、化学——但大部分编辑都是多面手。

典型的澳大利亚编辑是这样的:"40来岁,在自己的专业领域有着很高的资格和丰富经验的妇女。”[1]编辑协会的调查和自由编辑人登记的资料证明了这一点。2001 年在堪培拉举行的知识伙伴的会议中对与会的编辑进行了调查，帕姆·海威特（Pam Hewitt）发现绝大多数回答问卷的被访者都有研究生文凭，大部分人还参加过短期的职业课程，超过一半的人参加课程的次数达到 4 次或更多。据报道，回答者的相关工作经验通常是曾经做过研究人员、教师或培训师、作者或作家、图书管理员以及记者。回答者在成为编辑之前的职业包括大学讲师、管理顾问、科技作家、政策文件作者、出版商、英语教授、辅导教师、议会议事录副主编、公共关系顾问等。在一些选择项中，回答者们把自己描述成以下 3 类：文稿编辑、内容编辑和项目经理。一对夫妇把自己称为培训师，其中一个声称自己的头衔为合作顾问。对新南威尔士编辑协会的成员进行的一次调查发现，约一半的回答者在图书业以外的行业工作。[2]

你怎样成为一名编辑？

首先，你要确定你真的想做编辑吗？做个有抱负的编辑是一场艰苦的战役。近些年，这个职业要求更多侧面的和正式的培训，但对于如何进入这一领域目前尚无公认的途径。一些编辑进入这一行业仍然是通过传统的途径：开始工作，找到适合自己的领域，边做边学。图书业的运作很多是依靠个人关系和口头语言。（高度的信任与女性主导的产业之间的联系将是一个有趣的研究课题。）

这是一个无法摆脱的僵局：只有获得了工作经验你才能找到工作，只有找到工作你才能获得工作经验。事实上，进入出版业是如此艰难，以至于澳大利亚出版商协会介绍道：“让一个助理编辑疲惫不堪后，再给他编辑资

〔1〕 雷内·奥特玛，“装扮起来……编辑们全部警视着其在知识经济中的未来”，图书会议的会议论文，凯恩斯，2003 年 4 月。

〔2〕 帕姆拉·海威特的完整的调查结果可以在堪培拉编辑协会网站下的会议论文中找到。调查在两年后的布里斯班会议中又进行了一次，结果相似（个人通信）。另见安·米利根“国家记录”，《堪培拉编辑》，第 2 期，第 11 卷，2002 年 2 月。

格”。[1] 严肃地说,在各个领域的出版社寻找工作时这是一个好的策略,可以让你在得到一个好的职位时更好地进入编辑这一行业。图书出版商偶尔通过广告来告知助理编辑或是培训学员进入级别职位,相关的工作有许可人和图片研究员。编辑任何类型的出版物的经历,甚至是俱乐部的业务通讯,都将让你获得一些技能,得到就业的机会。有些培训课程提供工作地点,这也会给你带来工作机会。

如果你在人才市场,你可以查看“蓝色新闻”,报纸上的专业用人部分以及编辑、媒体和出版的工作网站。有些编辑协会将列出登有工作广告的会员的 E-mail 地址。

培　训

有关编辑培训需求的研究发现:

> 编辑的很多知识和技能来自人们的自然本能和对文字及图书的热爱(“你不得不成为一个唠叨的人”),还来自他们高度发展的阅读技巧……在很大程度上,人们在开始这项工作之前就对这个核心能力进行自我培训。[2]

在澳大利亚,提供各种级别的编辑课程,从 TAFE 证书到研究生学位课程,有些课程受到高度重视。在最低层次上,带有“编辑”字眼的课程只教授语法而不是传授与出版相关的编辑技能。在最高层次上,一些课程侧重于出版而不是编辑。在讲授写作时,没有以“澳大利亚编辑实务标准”为基础的课程。各个州和地区的编辑协会以主题范围广泛的专题研讨会和研究会的形式来弥补这个空白,如校对、自由编辑和电子编辑可以查看他们的网站了解最新的议题。[3] 在新西兰,怀特瑞尔工艺学校(Whitireia Ploytechnic)提供出版文凭,大学和其他组织开办短期课程和研讨班。[4] 关于自我指导学

〔1〕“出版生涯”,www. publishers. asn. au。

〔2〕创新澳大利亚,总结报告:写作、出版和新闻范围研究,第 1 卷,第 31 页,2002 年,可以在 www. createaust. com. an 下的培训计划:写作、出版和新闻中找到。

〔3〕帕姆拉·海威特以“澳大利亚编辑实务标准”为基础提供了自我调节的标准课程,见 www. emendediting. com 。澳大利亚科技通讯协会在新南威尔士、维多利亚和昆士兰设立了分部来开设短期的相关课程,例如,见 www. astcnsw. org. au 。

〔4〕见本地出版论坛 www. lpf. org. na 以及新西兰科技通讯协会 www. nztechwriters. co. nz。

习,见本书第11章自由编辑职业部分。

澳大利亚的CREATE委员会给政府在全国范围内的文化产业的教育和培训提供建议。在负责指导有关记者、出版和写作的培训需求研究的CREATE委员会上由CASE进行报告。报告的结果是调查这些产业中的主要问题,把问题分为:技术对工作背景和实践的影响、写作的民主化、信息呈现和接受方式的变化、行业自由人发展的特性。[1] 报告介绍说,2004年将开始推出全国性的培训计划。

商业现实

出版产生于思想与市场的交叉点,它满足市场特定需要。作为一名编辑,你正在为一些模糊的东西工作——信息、概念、公众话题,但是你必须给它们一个结果,一个掌握在你手中的物化产品。这样你将面临商业现实。

编辑应该随时把成本放在心中,别骗自己说你是一个献身文学的艺术家,有着比肮脏的商业高尚的灵魂。如果你的书卖不出去,你将失业。

那么这就会产生一个问题,一个好的编辑在某些方面是有些着迷的:你确实很在意逗号是在括号的前面还是后面,你还要担心眼前的连字号。在很多人看来这些都是小问题,在市场上实在是微不足道的。对编辑常有的抱怨是他们太书生气,过于注重琐事,他们缺少在整个出版项目中的角色定位感。

文稿编辑的主要目的之一是在书稿排版之前通过发现和解决各种问题来节约成本。对一个着迷于编辑工作的人而言,脚注完整无缺,所有的信息都恰当地、正确地展示出来,所有的逗号和括号都位置正确,才是令人满意的事。但是,这些不会在销售的时候多加一块钱。大多数读者并不看脚注,即使是那些看脚注的人也不会注意那些不固定的句点是否适当。他们会注意信息是否完备,这是值得花时间一读的理由。编辑可以是自我放纵的,沉迷于一个逗号的价值中。基本的文稿编辑工作——修正拼写和语法、检查

[1] 创新澳大利亚,总结报告,第1卷,16—20页。

错误和矛盾——总是需要的,但是干涉的程度如何是另一回事,特别是语言的编辑千变万化。你必须从装饰性的工作中辨别出重要的编辑任务,那是与意义和内容有关的,很难总是做到尽善尽美,你必须知道什么地方应该舍弃。

在你工作时,要知道每项任务的价值,它们的等级根据整个项目而定。要记住并不是每件出版物都是劳斯莱斯(Rolls Royce)那样的精品:它们中的大部分是考曼多(Commodore)。[1] 有时你被要求把原文类似于割草机的乘骑变成考曼多汽车,所以要记住出版的目的。如果它是《牛津指南》或《澳大利亚传记字典》的另一卷,那就要计划发行多年,供许多学者仔细阅读。但是,如果它是产品手册或是关于目前问题的时事图书,那就将在一两年后绝版,渐渐被遗忘。有时你必须使它正确无误,有时基本没问题就已经很好了。在有些出版物上,你不能做到最好。出版商不会为此感谢你,最后读者也不会为你的工作埋单。

在我的整个编辑生涯中,我只编辑过两本不以赚钱为目的的图书。一本是一个男人的回忆录。此人在某个热带国家赚得巨额家产——我没有问得很详细。他的爱好是收集乡间住宅,他已拥有了6套分布在各个大陆的住宅。他付账,所以图书的成本不是问题。另一本是关于一所声名显赫的私立男子学校历史的图书,出版委员会希望图书能有许多照片并列出学校的历任领导、足球队等内容。当我开始对书的印张和成本要增加犯嘀咕时,他们让我打消了顾虑,他们告诉我要给每本书的定价增加5~10美元,因为那些老校友们无论如何都会买的。我明白,60美元一本的书,对那些老校友而言不算什么,他们总会买的。

这类情况不是经常遇到,通常情况下你必须严守纪律。你要不停地和时间赛跑,不是去对付不现实的日程安排,就是去挣一些适当的钟点费。你必须根据整个项目来理解编辑的角色和编辑的经济价值。

比如,我有一本启动较晚的书,从图书的内容看,出版发行的日期应该是在周年纪念日期间,整个市场营销活动也是基于此确定的。日程安排得非常紧,出版商订制了一些手工装订的副本以便于投放市场。当我核对校样时,我发现校对员的工作不尽如人意。我找出了几处他没有发现的小的

〔1〕 考曼多汽车是澳大利亚霍顿公司生产的中级汽车,连续多年成为澳洲最畅销车型——译者注。

打字错误和矛盾之处——因为工作匆忙,这可以理解。重要的是他基本合格地完成了工作,并且是在规定的时间内。对这本书而言,他的工作做得非常出色。"让书正确"和"让书出版"是互相抵触的规则,在一些情况下后者应该居于优先地位。

帮你销售图书

营销和销售是出版项目的重要组成部分,其中编辑能做出独有的贡献。你可能是整个出版团队中唯一知道作者广泛应用了一些珍贵文献或者知道在第5章有引人入胜的奇闻逸事的人。给一些短句或是案例做个笔记,可以用在图书的推荐广告或封底的引文中;给每个出版项目起草一个推荐广告,即使编辑大纲没有要求你这么做,然后将你的结果和最后出版的图书推荐广告进行比较,看看自己哪些地方没有说到点子上。

我曾经为一本关于备受争议的历史学家杰弗里·布莱尼(Geoffrey Blainey)的图书工作过。书名《布莱尼的观点和对布莱尼的看法》很让人厌烦,所幸的是它最后被真正的精华所取代——《忙乱不休》(The Fuss that Never Ended),它取自布莱尼所写的一个剧本的标题"忙碌不休"(The Rush that Never Ended)。《忙乱不休》,我希望我能想到这个标题。如果你可以提出一个令人难忘的书名或是公共活动的角度,你将使销售数量得到提升。因为你了解这本书,所以在发挥图书的优势时你处在独一无二的位置上。

有些工作可以启发你的创造力。我有一个项目是"小澳洲人纪实"(The Little Aussie Fact Book),目标是旅游者。内容都是一些可靠的事实和数据,但是图书计划配上卡通画,带有轻松和活泼的感觉。原稿需要结构编辑给历史、政府、经济生产、名人、图书和诗歌、野生动物、俚语,甚至食谱赋予完全不同的信息形式。当我编辑章节标题时,我想到头韵可以增加全书的统一性并且与此书的风格保持一致,所以我创设了一些标题,诸如Past(过去,往事),Profile(传略),Place(地点),Powers(能力,天赋),People(人物),Performances(表演,演出),Perceptions(感觉),Palate(鉴赏力,喜好)等。出版团队的其他人也围绕这些主题做了一些相关设计,所以此书再版多次,发行20多年后仍然再版。

当你的书出版后,接着会发生些什么呢?阅读书评,逛逛书店,看看什么书正在畅销,什么书再版了,什么书在廉价出售。与销售部和营销部的人员多聊聊,听听他们分析原因(但是如果他们说都是由于封面,就不要相信)。编辑只是出版过程的一个组成部分,你要依靠你的同事把书卖出去,就如同他们要依靠你把要销售的书做出来一样。

2 出版过程

考虑到出版物的各种类型，由于标准的设立和从业的编辑都是从编辑图书开始学习各种编辑技能的，所以我们先从图书谈起。

图书

有证据表明，印刷型图书是近两千年来最成功、最持久和意义最重大的发明，在这两千年来的大部分时间中，图书成为存储信息和传播信息最有效的方式。电子交流方式出现之前，很少有东西可以替代它。宽幅印刷品和歌曲可以带给人娱乐，公共讲座可以传播知识，植物公园可以编纂整理知识，但是这些形式的受众面是有限的，图书居于统治地位。

图书产生于印刷术发明之前。即便不算上图书的中国先辈，罗马人早在1 500年以前就开始使用各种手抄本或手稿图书了。教会以修道院和大学的形式控制着早期的出版；语言是拉丁文，内容是有关神学的。随着中世纪晚期一个有文化的中产阶级的出现，社会对新型图书的需求开始增加：主要是以本国语著述的大众娱乐作品和科技教育著作。这些图书在 14 世纪以商业化的形式出版。15 世纪中叶，古登堡将活字印刷技术带到欧洲，印刷型图书便开始发展起来。

图书一直是西方思想和文明的媒介。作者的姓名成为思想体系和整个世界观的简称：拉伯雷式幽默（粗俗但不下流的幽默）（Rabelaisian〔1〕）、马基

〔1〕 此词源于法国讽刺作家拉伯雷——译者注。

雅维利主义(Macchiavellian)、研究狄更斯者(Dickensian)、佛洛伊德学说(Freudian)、马克思主义者、严格统治而失去人性的社会(Orwellian[1])。最好的思想被写入图书,使得图书更精炼、更完善。从前一些天才想到把正文分成段落,另一些人则创立了扉页、目录、附录、脚注和索引等的惯例。图书成为一种工具——或者更确切地说,成为一个工具箱。

电子技术的潜力让人眼花缭乱,以至于它将我们从印刷的种种优点中吸引过来。图书可以用精明与老练的方式展现信息。比如,在编辑一个传统的文本时,每页都可能含有原作、翻译、评论和脚注。一本法律或经济学的教科书更是一不做二不休,有6级标题和表格,有图表、加框文字、页边注释、案例研究、练习题、每章小节、脚注、参考书目、词汇表和索引。印刷品是比电子复制件更可靠的档案:20多年前的数字化信息在今天的设备上就已经无法阅读了。当然,图书还带来了触摸的乐趣、视觉的快感和嗅觉的墨香。正如库尔特·沃耐卡特(Kurt Vonnegut)所言:"因为图书的重量和质地,因为图书抵抗操纵的甜蜜象征,[图书]握在我们手中,看在眼中,然后深入我们的思想和灵魂,成为一次精神上的历险。"[2]

表2.1把数字广告借用到旧技术上。

表2.1　印刷型图书的广告

主要技术突破

图书的宣言——

有益的、有组织的运作知识

- 简洁、便携!
- 依靠周围环境光线进行工作——无需电池、电线或电路!
- 可以瞬时开机——只需翻开封面!
- 容易操作——即使是很小的孩子也能使用!
- 用手指就可以向前或向后浏览!
- 一些速查的特点可以引导你直接找到需要的信息!
- 使用易操作的笔添加注释和评论!
- 为便于参考重点,可插入多个书签和标记!
- 数百万的内容创造者效力于这个平台!
- 雅致的外表使它不仅是一个信息工具,更是一件艺术品!

---

[1] 此词也指George Orwell的笔调。George Orwell(1903—1950):作家,著有《动物农场》、《1984》,二战期间写了大量政治和文学评论——译者注。

[2] 时间地震(乔纳森·凯普,伦敦,1997),第157页。

阅　读

在历史上，阅读的乐趣是上层阶级所追求的。直到19世纪西方各国的劳动人民才有了阅读的能力，或者说才有钱去购买图书。从那时起，西方社会的人们普遍拥有了文化知识，政府提供了免费的教育和免费的图书馆，同时电子技术使出版变得廉价和简单，并向大多数人敞开了图书世界。

我们很容易找到有关早期教学开办者的信息，但却很难揭开一个熟练的阅读者大脑中的信息。由于阅读者学习了文字，所以文字引发出含义；阅读者把每个文字作为一个完整的结构、形态来观察，用同样的方式识别外观和形式。熟练的阅读者将他们的目光有节奏地在字里行间穿梭，注意每个排版设计线索，诸如大写字母、标点符号和段落，以便理解它的含义。

阅读服务于很多目的，有很多阅读的方式和层次。无论我们明白与否，我们根据出版物的类型来改变我们的技术。当我们拿起一张报纸时，利用标题和其他标识寻找出我们感兴趣的内容，进行有选择的阅读。对一部小说而言，我们完全沉浸其中，进入创造性叙述的河流中，从而达到与作者结合在一起的状态。相反，一些法律文件非常密集和正式，以至于我们不得不把每段读上好几遍，应用我们所有理解技巧苦思冥想它们的含意。

编辑依靠当时的目的，运用几种阅读策略来处理每个手稿。在评估阶段，你可以略读和跳读以获得文章的要旨；在文稿编辑时你至少要将书稿通读一次，使自己完全沉浸于其中以便明白它的含意。有时你需要浏览全文的某些部分，寻找某个特别的信息，来核对事实是否一致以及拼写和术语是否连贯。在文稿编辑的最后，你可能跳读全文以确保段落的划分与全文意思相适应。

编辑专门内容的阅读方法在第9章语言编辑中进行描述，《体例手册》的第3章解释了读者如何吸收来自印刷出版物和电子出版物的信息。

图书产业

第1章纵览了整个出版业；现在我们来看看出版业的产品。出版的印刷型图书主要有5类：

● 学术类：此类图书有的是对某个特定主题的知识体系的拓展，或是对某个特定主题的辩论。大部分是由大学出版社出版，有些是在博士论文的基础上进行进一步注释或参考。虽然有时印数很小，仍然要求最高标准的编辑工作。

● 教育类：教科书的出版量占澳大利亚出版量的一半多。通常是为了适应特定的课程体系而编写，需要遵守书写和格式的规定。作者可能是课程设计、图片研究和插图制作者队伍中的一员。图书可能包含 CD-ROM、教师手册和学习材料等教材工具包中的一部分。

● 小说类：长篇小说、中短篇小说、戏剧和诗歌在图书贸易营业额中占有重要的份额，这类书要求特别尊重作者以及有敏锐的编辑技巧（第4章）。

● 专业类：专业类图书的类目有很多，如法律图书、园艺图书、艺术图书、旅游图书、剧本图书、儿童图书、技术图书、参考图书等。

● 大众类：所谓的出版贸易涵盖了上面所有图书以及其他图书。贸易图书包括小说、有广泛影响的学术图书、历史书、传记类图书、政治和时事类图书、大众科学读物、儿童读物、烹饪图书、园艺图书和手册指南类图书。

以上所列基本上囊括了以营利为目的的出版商出版的各类出版物，但是还有一些出版商生产其他类型的出版物。

业余出版

“业余出版”指的是不以出版为主要目的的机构，称其为“业余出版”丝毫没有贬低的意思。随着生产成本和准入门槛的降低，越来越多的机构加入到图书出版行业中来，比如：

- 学校、教区、运动俱乐部：历史、烹饪类图书
- 当地政府：信息小册子、社区咨询文件、历史图书、旅游资料
- 环境组织：花卉和动物群的调查、与此相关的技术手册和教育资料
- 慈善团体和非政府组织：员工和志愿者手册、研究报告
- 美术馆和博物馆：目录、专论
- 家族和历史协会：家族史和地方史、回忆录和自传。

许多这类的出版物，与很多自行出版的图书一样，很显然缺少对编辑的重视。编辑可以在业余出版中扮演重要的角色，他们可以向委托人解释规范和术语，可以控制质量，有时还可以掌控整个出版项目。虽然此类客户可能会忽视图书的生产过程，但是编辑应该在自己的领域中尊重自己的专业，

而不是助长他们或自己迷失了方向。

电　子　书

电子书是可以在专用设备——手控计算机或手机——上阅读的电子文件。电子书虽然已经在市场上树立了自己的形象，但是它们还将改变出版业和图书。它们将重新定义所有权、作者权和著作权的概念，建立新的权利和收益体系。它们必将增加阅读的公众人数。

当印刷型出版社把知识从教会手中解放出来时，娱乐型阅读便随之大量增加。随着新的供应者和消费者的出现，各种限制的解除导致了各种创新和发行量的急剧增加，其中的一个结果便是出现了全新的图书种类——小说（它的出现花费了几个世纪的时间，不过那时发展得相当缓慢）。随着电子书将内容从印刷的垄断中解放出来，我们可以期待在出版界出现类似的突破。电子书必将重塑作者与读者之间的关系；它们将供应目前被忽视的小众市场，为尚难猜测的图书类型建立新的市场。

20 世纪 90 年代后期，电子书被大肆宣传，但是大多数出版社撤回了投资。有一些正考虑重新进入，但是到目前为止，还没有任何阅读设备能像印刷图书那样让人感到舒适、清晰、经久、轻便和便宜。一旦一个价格便宜、功能强大的阅读器生产出来，电子书将取而代之。

电子书给编辑带来了机会。无论是什么类型的电子书，它都需要运用编辑技术向目标读者有效地展现它的内容，同时生产出功能良好的出版物。

其他出版物

编辑可以在传统图书出版业之外的很多领域谋到职位。

报　纸

澳大利亚报业的职业术语与图书贸易的职业术语不同。在报界，编辑承担的是类似图书出版商的角色；副编辑相当于图书界的编辑，对稿件作文字加工，并编辑一个版面。

这两个职位在速度和规模上不一样。与图书出版相比，报界的工作快而小，副编辑的工作期限是以小时来衡量的。即便是长文章也不过几千字，所以副编辑不需要像图书编辑那样保持全神贯注或者是保持做出一部好书所需要的某种联系和内部关系。

副编辑从记者做起，他们必须有新闻的感觉以及具备语法、拼写、出版社风格和排版设计等方面的知识，同时是专业的排版软件专家。他们决定如何处理和对待每个故事并撰写标题，所以他们必须对日常事件的内容和目标读者群进行新闻价值评估。与图书编辑相比，他们有很多的自由度，被许可对文章作彻底的重写和删改。副编辑在记者准备材料的基础上进行工作，与只有基本写作技巧的业余作者写成的手稿相比，这些材料不需要经过很多的修改。而且，由于时间紧迫和报纸短暂的时效性，其写作的标准要低于图书。传统意义上，报纸常常忽略排版设计中的细节，如斜体字和半身铅线。[1] 但是，随着技术的进步，报界也开始采用这些设计了。

政府出版

州和联邦政府以及它们的各个部门生产各种不同类型的正式文件。官方出版物包括国会辩论（议会议事录）和国会文件，但政府承担所有种类的出版，既有印刷型的出版物也有电子出版物。目前很多政府出版物也要求收回成本，所以其中的一些出版物可以和商业出版相竞争。

大部分政府部门遵循《体例手册》（Style Manual），但是有一些出版物有它们自己建立的格式和风格。编辑们在编辑一些官方规定时，应该遵从严格的语言规范，比如，区分使用 shall，should，must。预算文件要求进行仔细校对以及具有超越细节的前瞻性；一个编辑报告不得不在费用表格中加上单位“百万”，以使其涵义更加清楚。关于谁能批准编辑做某些更改的问题在为政府工作时特别重要。编辑必须不断调整，以适应政府部门出版单位的规则和流程。

[1] en，印刷术语，半身、对开（em 全身的一半）；em，印刷术语，全身（表示欧美文字活字宽度的大小，以一个 12 点的“M”为全身）——译者注。

机构出版

由于形象和可信度，越来越多的公司和非政府组织认识到熟练编辑的价值。当一个抵押公司正规的小册子告诉我们在墨尔本郊区的“Cue”产权市场前途大好时，读者便想知道此公司在贷款时的计算和它的拼写哪个更好。许多公司都设立了出版物或媒介经理的职位，它们综合了记者、公关人员、编辑、图表设计、桌面出版和网络出版的功能。在这项要求多种技术的工作中，编辑工作由于要支持那些浮华的方面而有可能被忽视。

在各个机构中，编辑对多种文件进行工作，比如研究报告、政策文件、年度报告、陈述、产品信息、给消费者的信函和企划文案。编辑还常常给专家提供服务，比如给那些缺乏写作技巧而无法让他们的委托人和公众了解其意图的工程师、科学家和股票经纪人提供服务。此类编辑工作出现在商业沟通和科技写作中。

图书业和机构出版之间有许多不同，主要的一点是机构出版要花费较高的成本。管理者通常不明白编辑的任务或者生产过程的各个阶段，但是他们可能更有创新和冒险精神。

这样的编辑更适合机构出版工作，他准备承担项目管理的责任并且准备将核心技术转向代笔和知识管理领域。要享受这个工作，你必须能灵活变通，有很强的适应力。由于可能要求你“协同增强一个以顾客为导向、以委托人为重点、以原则为中心的任务管理范例”[1]，在语言的应用中要采取注重实效的方法，但是如果环境允许，应该怀疑是否有使用这些术语和将其翻译成通俗易懂的语言的必要。基本的文稿编辑工作是必不可少的，但你必须将大部分时间用在项目计划和定义、获取信息、汇编内容、组合和重新编排文件上。（见第 4 章的单一资源出版。）

图书的连续生产过程，其概况见表 2.2。在机构出版中很少按照此流程进行，每次的反复中，修正的次数是增加而不是减少。文件可能在公司每一个“文字功底好的”人手中过一遍，可能财务主任善做纵横字谜，销售代表的阿姨在写儿童图书。当此项目准备送去印刷时，经理又有了其他的想法。

---

〔1〕 特里斯卡·贝克，“文字手术：给机构出版物进行最友善的删减”，该论文提交于 2003 年 7 月，布里斯班召开的 CASE 全国会议上。唐·沃森在“死刑：公共语言的衰退”（兰登书屋，悉尼，2003）中推翻了管理性语言。

机构编辑采用各种方法，创造性地确定和满足公司出版的需要。他们表现出主动性，工作中没有严格的程序和监管。当然，他们会把安排的部分做好。

期刊与短期出版物

期刊的范围从专业学术期刊到大众杂志和俱乐部业务通讯。在杂志界，编辑通常有新闻业的从业背景和拥有类似报纸副编辑的技能。

图书管理员使用“短期”(ephemera)这一术语来描述诸如小册子、简介材料、情况说明书、表格等资料。这些出版物由于不被视作重要的和持久的材料，一般不太引起编辑的注意。据编辑机构报告，有一种以牺牲文字来接管设计的趋势。这些出版物应该同样关注图书读者的需求。

网络、CD-ROM、多媒体

编辑电子出版物所需要的技能是在传统编辑知识的基础上进行的调整。电子页面的结构可能有很多不同，有的是把信息切成小块，有的是通过不同的方式导航进入，但是目的是一样的：容易阅读。

电子出版物与印刷出版物相比有几个优势。它可以把声音和活动的图像结合起来，它们的检索性能比印刷的索引精确度更高，“互见参照”更加直接——轻松地点击加亮的短语而不用按照指示去参考“见第 3 章”。电子出版物可以从三维空间集合信息，而不局限于印刷的二维空间，还可以通过它促进非线性的移动。

一些电子出版物远远没有这种优势。读者常常遇到诸如结构混乱、违反直觉的导航、缺少路标、过于密集、文字不清和无法链接等问题。这一出版领域迫切需要使用传统的编辑技术来提高信息的表现能力，使其在功能上更好地符合它的目的，使读者的路径更加通畅。电子出版的编辑将在第 4 章中讨论。

标　　记

城市中随处可见各种标记，有些标记考虑不周或者有拼写错误。当两三个编辑聚在一起时，他们的谈话常常会转到所谓的蔬菜水果商的诸如

always's fresh(常新)的省略符号上。这证明,政府应该在公共领域通过委派编辑检查员对市面上的文字比如广告牌、海报、店标、菜单板和雕刻涂鸦等进行检查,使用权力要求他们改正以强化文字标准。遗憾的是,这项有价值的活动还没有得到官方的支持。私人企业可能会填补这项空白:一份编辑报告说,在公园供应店里可以得到折扣,交换的条件是帮助改正标记的拼写。

生产过程:概况

图书产品的生产过程在细节上变化多样。表 2.2 所表示的是生产一部典型图书的简明概况。为了强调编辑的任务,此表还列出了自由编辑人的工作顺序。下面的章节中解释每个阶段的工作要求和方法,《体例手册》(Style Manual)的第 24—25 章有更多关于生产方式的细节。

表 2.2　自由编辑人视角下的生产过程

项　目	发件人	编辑的任务	大约需要时间	完成后	推迟原因
进入(附有部分手稿、手稿草稿或供编辑用的手稿)	委托人	明确项目:评价手稿,准备一份评估	1/2 天	保留	零到数周,直到收到协议为止
协议	委托人,或自己提供	确定所有的项目都符合标准 B2.4(见附录)	1/2 小时	签署,保留副本,并将复印件寄给委托人	零到数周,直到收到完成的手稿
准备编辑的手稿	委托人	编辑手稿到作者答疑阶段	1—2 周	寄送给作者	2 周到几个月,直到作者回答疑问
作者修改	作者	把作者的修改加到手稿中,工作完成	1—6 天	寄送给委托人	4—8 周,直到排版工作完成

续表

项　目	发件人	编辑的任务	大约需要时间	完成后	推迟原因
校对	委托人，或直接收自排版工人	根据原稿校对校样	2—4 天	保留	2—4 周，直到作者返还校样
作者改正校样	作者	检查所有修改处，并且核对集合到一套校样中	1—3 天	保留	零到数周，直到准备编制索引
编制索引	作者或索引编制人	编制索引	1/2 天	寄送给委托人	8—12 周或更长，直到收到赠书

如果有这么一本书，表 2.2 是这个简单图书编辑项目的基本步骤。在实践中，在时限上、编辑工作的范围和工作的途径上都有很多变化。例如：

- 同作者和出版商要进行若干次会谈。
- 其他诸如图片研究和获得使用许可等工作也需要安排好。
- 手稿要分批到达。
- 在编辑过程中，作者可能会进行修改或提供新的材料。
- 校样要由专业的校对员而不是编辑去审读。
- 可能要进行几个回合的校对。

我们在表 2.2 中对各个项目的特点进行简要地描述，重点是针对自由编辑人；在出版社内的过程略有不同，但基本模式是相似的。

进　　入

你接到一个提供工作机会的电话或电子邮件，如果它来自于一个业余的出版商，你需要了解这项工作是由哪些内容组成的，他们想让你充当什么角色。如果是来自一个出版商，你可以对编辑工作的范围和对质量的期望等做些基本的设想，等等。在这个阶段你需要对三件事情做粗略的确定：工作量的大小、日程和预算。如果此项工作让你感兴趣，符合你的日程安排和费用的期望，那么你同意进入下一个阶段。

评　估

通过电子邮件、邮寄或快件收到手稿后，你开始对它进行评估。即使委托人已经提供了一个详细的编辑大纲，你也必须明确格式上的一些要点，并且遵守生产过程的要求——要留多少给排字工人？在手稿中你可能会发现一些委托人没有注意的特殊问题，这些问题将会影响到预算和日程（第4章）。

协　议

如果你和客户已经建立了关系，一个电话就可以解决你的疑问，可以在费用和时间上达成一致，让这个项目继续向前发展。但是，你现在所做的是不能令律师满意的，一旦发生纠纷就会引来麻烦（见第11章中的合同）。虽然澳大利亚的图书业趋向于通过个人关系的方式进行工作，但是如果等到达成正式的书面协议后再开始工作，你就处在更有利的位置。

编　辑

现在你联系了作者，开始按要求接触内容并进行文稿编辑工作。在某本书上，它将占用你整整一周或更多的时间。最后，你要有很长一段时间的等待，直到作者对你的疑问进行回复。收到回复后，你要做一些必要的修改，做最后的核对，完成文件，把编辑后的手稿和收费发票寄出去（第9章中的发送或移交，第11章）。如果你不负责和作者联系，那么你可以列出疑问，或者在纸质文稿或电子副本中标注出来，连同编辑手稿和发票一起返还。

校对和索引

有时不同的校对阶段是由出版社处理的，但通常自由编辑人要负责初校和编制索引（第7、8章）。教育类图书通常进行两轮校对——或者在个别项目中需要更多次校对。自由编辑人很少能看到最后的校对阶段：送印本或蓝本。

完　成

当你收到寄来的赠书时,项目就完成了。评估出版物和该项目:哪里做得较好?从中可以学到什么?你可以将成品陈列在你的书架上,并以相关的电子文件或纸制文件存档。

法律问题

要对出版中的法律规定进行全面的探讨,则需要占用一本书的篇幅。下面仅做简要说明,如需了解更多,建议进一步阅读。

著　作　权

知识产权包括商标、设计和专利,但是编辑的主要兴趣在于著作权。与知识产权有关的法律是在技术发展的压力下产生的。正经受着挑战的是遗传学、制药学和音乐产业,而不是图书出版业,但是情况是变化的。应该知道法律这个领域正在迅速变化的辩论和特征。

在澳大利亚,相关的法律是联邦著作权法,其规定和新西兰的著作权法基本相同。律师有他们自己的语言,给本国的语言,像 work(作品)和 publish(出版),赋予了特定的含义。澳大利亚的法律适用于首先在澳大利亚出版的作品,或者它的出版商是澳大利亚的公民或居民。国际条约为大多数外国作品在这里出版提供了保护,同时也为澳大利亚的作品在很多其他国家出版提供了保护。

著作权法有一些奇怪的用词:

- 著作权法保护思想的表达,而不保护思想本身——两个小说家可以设计相同的情节,或者两个传记作家可以为同一个人作传,这些都不构成侵权。
- 著作权是个人所有权,可以分派或遗赠给其他人。
- 著作权的范围超越了普通的文学艺术材料的概念,其涉及的"作品"

的范围还有典当商的当票、足球彩票和计算机程序。

● 信件的著作权归作者所有，尽管有些人可能拥有信件的原件。

著作权不用登记，当作品以物质形式表现出来后就自动产生著作权。在澳大利亚或新西兰，也不需要使用©符号来保护著作权。著作权的保护期限因作品的性质不同而不同。在澳大利亚，除特例外，基本上是作者死亡后或作品第一次出版后50年。与美国签订的所谓自由贸易协定计划将保护期延长至70年。

著作权法有两个方面：作品的著作所有权和著作权材料的复制权。总的来说著作权的分派和许可与编辑没有多大关系〔1〕，但是你需要了解如何才能使用受著作权保护的材料。

许　可

要想复制有著作权的作品，承认它的著作权是不够的，必须从著作权所有者手中获得许可。寻找著作权人有时是个难题。一个人在工作的过程中创作的作品，比如为报社工作的记者或摄影师，通常雇主拥有著作权。有时出版商找不到著作权人时也决定复制该作品，这就是一种商业判断。出版商通常会在书中插入一个不承担责任的声明，声称他们愿意给著作权人支付合理的费用，但是这种做法并不受法律保护。

复制整个作品也要获得许可——卡通片、图画、歌曲、诗歌、屏幕快照、信件、食谱或小故事。在一本已出版的文选中，为获得许可而付出的人力和费用可能成为复制过程和预算的重要部分。

如果你想使用作品的某一部分，申请的规则很复杂。这部分内容的质量与其占整体的比例和数量相比显得更重要。对篇幅短的作品比如歌曲或诗歌来说，引用一行可能就会侵犯著作权。是否侵权与你复制该作品的目的也是相关的。例如，如果你生产图书就是为了和该著作权作品直接竞争，你可能被视为严重侵权。如果通过复制作品的重要部分来进行释义，那么释义也可能侵犯著作权。

好消息是对短篇散文的引用和摘录被看做是为了批评或评论的合理使

〔1〕 但是特里斯卡·贝克认为，编辑（以及设计人员和索引编制人）在他们创作的有创造性的内容方面拥有著作权，因此在技术上出版商只有得到创造者的权利许可才能使用，“编辑的著作权：细微之处的价值”，论文提交于2003年7月布里斯班召开的CASE全国会议上。

用行为,或者是为了新闻报道,因此不需要获得许可。坏消息是著作权法中没有对引用中的合理使用行为进行定义,只能根据每个具体案例中引用行为的性质和范围来判定。[1]

一般情况下,在作者与出版商的合同中通常会要求作者许可使用著作权作品并支付作者一定的费用。大部分作者和业余出版商不理解著作权法的规定,需要编辑在获得许可的问题上提供建议。通过信件进行许可申请,应该列出图书的一些细节,比如作者的姓名、书名、印数和价格。如果需要,还要注明相关的市场区域;有时许可使用费会因为是教育或慈善目的而免去。你可以声明你能支付的许可费的上限,以便著作权所有者决定能否接受或是放弃。附上你想复制的材料的影印件或精确的描述。

你应该及时更新你在这方面的知识,并且警惕你编辑的任何作品可能侵犯著作权。澳大利亚著作权委员会和新西兰著作权委员会都建立了很好的网站,上面有最新的立法、情况说明书和出版物。[2]

诽　谤

普遍的观点认为,现在澳大利亚的诽谤法不适当地抑制了新闻媒体对有关公众利益事件报道和评论的能力,并且以牺牲自由表达来支持起诉人。在我们等待司法改革之际,由于诉讼会给出版商带来昂贵的费用,编辑必须警惕以免招致诽谤的罪名。姿态鲜明的审判可以使一本书获得公众的注意,但是它可能会带来法律成本、破坏和整个编辑工作的支离破碎。

澳大利亚每个州的诽谤法各有不同,因为迄今为止司法部长还没有将法律统一起来,虽然 2003 年年底计划出台联邦法。在新西兰,1992 年的诽谤法没有赋予"诽谤"以有效的定义,这种情况对起诉人有利。基于上面这种变化,以下是一些广泛而普遍的评论。

有关诽谤的箴言是:如果你怀疑一个文件含有诽谤的内容,即使是很模糊的一点怀疑,你可以给出版商指出来,并且提供一些应急的法律建议。自传、传记和回忆录最有可能破坏他人的名誉,但是即使是经济学教科书中描述的公司倒闭的事也有可能偏离界限。

---

[1] 见特里斯卡·曼,商法的本质(第三纪出版社,墨尔本,2001)第 8 章。

[2] www. copyright. org. uk , www. copyright. org. nz 。

当某人的名誉在讲道理的人的眼里受到破坏时诽谤便产生了。你可以说你多么喜爱已故的人，但是如果你毁坏了活着的某个人、某个机构或某个确定的组织的名誉时，他们就会起诉你。在我们看来，以文字损害名誉和诽谤是一回事；但有的州把（文字性）侮辱和（语言性）诽谤区别开来。国会和法庭的声明以及它们所做的精确的报告具有“特权”——也就是说，它们被排除在诽谤法之外。

通常情况下，暗示某人在他工作的职业或行业中不称职就是诽谤。要特别小心人们被怀疑有犯罪行为的嫌疑：不要提及任何人是谋杀者、猥亵儿童犯或走私犯，除非他们已被法庭判决有罪。这看似简单，但是作者有时不太在意无罪推定。不要对增加一个诸如“据说”、“怀疑”等词抱太大期望；即使是暗示也可能会损害他人名誉。

遭到诽谤的个人或组织无须被指名道姓：只要暗示了他们的身份，他们就可以成功地起诉。如果你有一些关于鲁珀特·默多克（Rupert Murdoch）的粗鲁言谈，即便你未点其名，只称之为“出生于澳大利亚的传媒大亨”，你也不可能逃脱处罚。这些规定会导致被一些不知名的人起诉的风险——有些默默无闻的人跟小说中讨厌的角色拥有同样的名字——这种情况使得小说出版商夜不能寐。起诉人不用证明作者企图诽谤自己，只要声称他们的名誉遭到损坏——人们就会假定那些材料是影射他们的。编辑对预防真正发生在生活中的小说内容涉嫌诽谤也帮不上多少忙。

诽谤法和知识产权法一样，缓慢地、笨拙地应对着被互联网改变了的社会环境。2002 年 12 月，最高法院判决墨尔本的商人约瑟夫·盖特尼克（Joseph Gutnick）有权在维多利亚起诉上载到美国网站中涉嫌诽谤的文章。法官判定，对名誉的毁坏发生在文章被下载的地方，因此，这就是诽谤罪行发生的地方。此判决警示我们：这意味着任何人将任何资料粘贴到互联网中都必须遵守该资料下载地诽谤法的管辖权。一个观察家称此判决“将互联网搁置起来”，但是却没有多大的实际效用。编辑必须留意事态的最新进展。〔1〕

各州对诽谤的辩护各不相同。另外，法律对于本国文字，像 reasonable

〔1〕 迪肯大学法学院网站提供与澳大利亚诽谤法的链接：www. law. deakin. edu. au/research/subject/defamat. htm。媒介诽谤是休斯顿大学人文学院、艺术学院和通讯学院的一个项目，用易懂的英语对各国诽谤法的情况进行简述：www. hfac. uh. edu/comm/media_libel/index. html。

person（讲道理的人）、publication（出版物）、fair comment（合理评论）等有自己的定义。你应该考虑真理是绝对要维护的，但是有些州也要求出版物符合公众的利益。其他的辩护有准许、特权、合理评论、政治评论。在新西兰，真理和诚实的观点在特定的条件下也可以用来辩护。但是，辩护是律师的工作领域，而不是编辑的工作内容；如果你对某个章节有任何怀疑，就去寻求法律的帮助。

蔑视、精神权利、隐私

家庭和儿童法庭的诉讼报告要受到特别的限制，其他法庭和特别法庭在案件审理过程中也可能限制案件的报道，违反限制就是对法庭的蔑视。这些也与涉及热点问题和时事的出版物相关。

精神权利与创作者作品的名声有关。澳大利亚2000年年底生效的法律规定，文学作品、戏剧、音乐或艺术作品的作者享有被视为作品作者的精神权利。索引编制人可以根据该法律声称权利的归属。作品的作者也可以采取行动反对作品的错误归属或对作品的贬损。迄今为止，还很少有法庭案例来检验这项立法的尺度。

澳大利亚关于本土公共精神权利的立法正在计划中，在这项法律的保护下，例如，未经许可拍摄诸如Uluru国家公园的风景特写照片将是犯罪行为。在国家公园拍摄照片会违反进入公园的条件。

联邦和州的隐私法都适用于个人信息的收集，比如收集姓名、住址、银行账号明细和健康记录，使用这些信息出于利益的考虑。编辑很少要去考虑隐私问题，除非他所编辑的出版物是姓名和地址名录。在这类事项中应核对联邦保密委员办公室的准则。[1]

与图书有关的法律规定

为了给子孙后代保存出版物，著作权法规定每个在澳大利亚出版的作品必须给国家图书馆缴送样本。这里的“作品”不仅包括图书，还有期刊、小册子、活页乐谱、地图、平面图和图表。各州的立法也要求给相关的州立图书馆缴送样本。

〔1〕 www.privacy.gov.au。

法律规定，每个出版物必须载明印刷人或出版商的姓名和地址。可选择的信息有ISBN（国际标准书号），ISSN（国际标准连续出版物号），这些是世界书目系统的一部分，便于出版商和书商之间进行沟通。前者是分派给每个图书的版本和版式的唯一编号，后者用来区别连续出版物。在澳大利亚，ISBN号由索普书目服务机构（Thorpe Bibliographic Service）管理的澳大利亚ISBN事务处发布。[1] 国家图书馆发布ISSN号和电子出版物的持续统一资源定位号（PURLs）。[2] 国家图书馆还管理在版编目（CIP）项目，在此项目中图书管理员对在出版过程中的图书进行编目，这样既节省了时间又加快了统一整合的进程。CIP信息印在书名页的背面或者电子出版物的书名页上；如果需要，它包括ISBN和ISSN信息。

在新西兰，国家图书馆是法定的版本图书馆，管理ISBN、ISSN和CIP。[3]

编辑必须依靠编辑大纲来申请ISBN、ISSN或CIP数据。

编辑伦理

编辑对出版商、作者和读者三方负责，有时为了平衡那些互相冲突的需求，必须进行价值判断。例如，在对由口述历史的抄本组成的图书进行编辑时，你必须权衡口述者真实表达的权利与读者对印刷品的期望和弄清事实的需要之间的关系。在所有的项目中，你经常要在出版商的支付能力与读者的需要之间做出权衡。

有时编辑不得不对那些自己不赞同的内容进行加工。假设某个手稿已经被认可获得出版，在这种情况下你的专业职责就是保持客观，并帮助作者去表达他们想表达的内容。你可以指出文中事实或论证上的瑕疵，这可能导致她转向你的立场，但是这是一种咨询和谈判；绝不要歪曲作者的意思或

〔1〕 它们的网站（www.thorpe.com.au）有相关信息和申请表。有人建议，2007年将ISBN和ISSN中的数字从10位增加到13位。

〔2〕 国家图书馆的服务内容在www.nla.gov.au下奇怪的标题“For”中有解释。

〔3〕 见“专家建议与服务”，www.natlib.govt.nz。

重点来满足自己的偏好。

流言蜚语是违反行业准则的。你与作者的关系应该是相互尊重，即使是在她的书出版之后。无论她有多么令人恼怒，都不要向她的同事或对手揭露或嘲笑她的弱点，就像你给同事叙述恐怖故事时省略一些可以用来分辨的细节一样。

自由编辑人不应该同其他客户闲聊自己目前的项目；用一个被滥用的词来表达，即这些信息完全可以相信属于商业秘密。有时，你会发现自己为不同的客户编辑图书，这些书有的是直接或部分的相互竞争，在这种情况下需要进行谨慎的判断。当一个出版商听说一本与自己竞争的图书正在出版中，他就会利用这个信息满足自己的利益——也就是说，为了让自己的图书第一个上市，他会把出版日期提前。

自由编辑人的日程安排是灵活的，甚至是脆弱的，但是编辑不应该为了保住工作而谎报自己的能力去迎合最后的期限。如果已经接受了某项工作，你发现由于生病或其他突发事件根本不可能在要求的时间内完成工作时，不要用“下周”和“再过几天”这样的话来哄骗你的委托人；解释、道歉并表示退让要显得诚实一些。

有时自由编辑人会被要求去编辑用来申请学分的评论、论文和学位论文，这就会引发编辑对作品质量贡献的伦理问题。澳大利亚编辑协会理事会联合澳大利亚研究生学习主任和院长理事会，代表澳大利亚的大学，为研究生论文和学位论文的专业编辑制定了一项国家政策。此政策建议编辑工作的范围应严格限制在“澳大利亚编辑实务标准”（见附件）中的标准 D 和 E 规定的内容中，任何内容和结构的编辑工作（标准 C）都应该是学生学术导师的责任。要求编辑在纸质文稿上进行工作，任何编辑上的帮助应该专门得到承认。对论文进行编辑工作应该遵守这项政策，有关政策公布在 CASE 的网站上。

包 容 性

联邦法规定，对种族、肤色、民族，或出身、性别、婚姻、年龄，或生理与心理能力的歧视是违法行为。编辑必须对各种表述和说明进行判断，尽管没有实际的歧视或诽谤，那么也要注意是否有潜在的无礼冒犯。包容的语言和文化的敏感被嘲笑为政治上的正确性，但事实上这是对读者差异化的礼貌承认。《体例手册》的第4章提供了很好的建议,在此我只谈另外几点。

和其他人一样,编辑受他们的文化和知识背景、他们自己的精神结构和道德谴责的限制,但我们有责任去努力超越我们的偏见。编辑不是文化的守护者或语言的守门人那样重要的人,但有时我们有能力推动各种讨论向包容各种观点的方向发展。我们必须在"左边是政治正确性的代表和右边是正统派的道德岗哨"[1]之间进行选择。

一篇来自美国的报告称,美国的教科书委员会正遭受着空前的政治压力,所描述的情况值得我们警惕。事实上,一些针对教育资源的规定禁止故事的场景设置在丛林、森林、高山或海边(因为这些设置确信会表现出"地域偏见"),也禁止提到生日(因为一些儿童没有生日宴会)。删去这些惹是非的内容也就去除了可能引起想法的所有事项,同时用平和的通则替代生动的细节。

过分积极地消除偏见可能导致对历史的歪曲。例如,在过去,妇女代表性的工作职位是护士或秘书,假装成其他的样子是为了表现出与其他不同年代相比我们这个时代相对的性别平等,这把妇女需要克服的障碍最小化了。同样的手段也应用于其他处于社会边缘的人群。编辑应该反对编造和粉饰太平,坚持反对篡改历史。

他或她

在学校里我学习过一个语法规则,这个语法规则含蓄地表达了"he(他)包含了 she(她)"。对这个规则的反对是20世纪70年代女权运动第二次浪潮中的一部分,取得了很大成功;现在,类词"he"(他)听起来有点过时,出版商们都避免使用它,因为他们不想因此疏远一半的读者。

"they"(他们)作为单数中性名词的使用被广泛接受;它源于口语的用法,不像"he"(他)或"she"(她)的不断循环那样让读者精神涣散。然而,它以单数/复数的不确定替代了阳性/阴性的不确定。正如一个观察家评论的那样:"在我的知识范围内,我想这个策略唯一的好处是还没有任何组织

〔1〕 角谷美智子在纽约时报中评论迪安·拉维奇的"语言政策:压力集团如何限制学生的学习"(诺夫,纽约,2003),2003年7月。

为寻求单数和复数的平等而斗争。"[1]解决"he"(他)或"she"(她)的难题是一个诱人的挑战。例如,在本书中,我遵循的自定的惯例是采用精确的单数形式,当谈到作者和设计人员时称为"she"(她),谈到读者和出版商时称为"he"(他)。你是否觉得很麻烦呢?

在专业术语中要谨慎阳性的错误设定,例如:Australians(澳大利亚人)、soldiers(士兵)、pioneers(先驱)、farmers(农民)。在大多数的上下文中把成熟的女性称为 grils(女孩)是一种贬低的说法。在改写时不要使用"swagpersons"这样的术语。包容性语言总的观点是采用谦逊的规则,我们是拥有所有性别的人。

假　定

显然你会对侮辱性的描述以及种族和宗教团体的陈词滥调提出疑问,但是排他性或攻击性的假定也同样出现在术语学中。下面是一些例子。

● 澳大利亚的主流人口不是盎格鲁-撒克逊人,而是盎格鲁-凯尔特人,他们被认可是爱尔兰人和苏格兰人的后裔。那些出生在澳大利亚或移民为澳大利亚籍的人是澳大利亚人;当他们的背景与另一种文化相关时,他们是盎格鲁澳大利亚人、华裔澳大利亚人、黎巴嫩澳大利亚人等。

● 越南人是因一个国家的名称而来,不要盗用一个像"越南之后"(after Vietnam)的短语来表示一场战争。

● 虽然美国拥有主导世界的力量,但它的居民并不是美国或北美洲的垄断者。这些术语(American and North American)狭义上的概念通常要通过上下文的内容来判断,但是记住有人主张把中南美洲放在第一位,加拿大和墨西哥放在第二位。在政治背景下,称"American"(美国人)是错误的,应使用"United States (or US) Congress"(美国国会),同样的词还有 troops(军队)、citizens(居民)、constitution(宪法)等。

● 有些地理名字背负着几个世纪的仇恨。编辑必须意识到这些词的含义,比如,Londonderry(伦敦德里)、Macedonia(马其顿地区)、Palestine(巴勒斯坦)。

---

[1] 道格拉斯·R.霍夫施塔特,"心魔弥撒:'默认的假设'和它们对写作和思考的影响",美国科学,1982 年 11 月。

● 术语“Stolen Generations”(被偷走的一代)一词用大写字母写成,通常是复数,因为从家庭中迁移出来的土著居民的孩子坚持这样称呼已经有一个多世纪了。

● 当引用日期时,使用 CE(Common Era 共同时代)和 BCE(Before the Common Era 共同时代前),而不用属于基督教日历的 AD 和 BC。

● 在描写国家和其占统治地位的宗教的出版物中,使用 Catholic(天主教)和 Protestant (新教)还有 Sunni Muslim(逊尼派穆斯林)和 Shi'ite Muslim(什叶派穆斯林)是错误的;要平等地称为 Catholic Christian(天主基督教)和 Protestant Christian(新教基督教)。

● 使用 Roman Catholic(罗马天主教)而不是首选教堂的名字,Catholic(天主教),已经被描述成“宗教战争的一粒子弹”。[1]

作为指导原则,要考虑所有可能阅读图书的人,使他们成为书的一部分。不要让作者假设盎格鲁-凯尔特人的起源是澳大利亚人的标准。那些声称“每个人”都可以使用互联网的人应该冷静下来,他们应意识到全球大多数人口还没有使用电话,更不要说电子邮件了。我们应该向那些声称全世界已经消除了文盲或那些能购买一些消费品的人发出类似的警告。

本土写作

本土写作的目的和性质范围广泛,以至于它令人误解为可以合在一起考虑,但是它的编辑工作需要敏感和开放,特别是来自于非本土的编辑。跨文化的编辑工作是一项复杂混乱的谈判。[2] 本土写作通常混淆了主流的期望,例如,它不能巧妙地适合一个文学流派,它的作者身份和著作权可能是公共的。非本土的编辑必须意识到他们自己的偏见、品位和先入之见,很多情况下他们在作者和出版商之间进行调停,还要尊重作者的精神权和作者的真实声音。

〔1〕 斯蒂芬·默里-史密斯,正确的文字,修订版,第 71 页。

〔2〕 见玛格丽特·麦克道尔,“有何区别? 澳大利亚今天的跨文化编辑”,论文提交于 2003 年 7 月布里斯班召开的 CASE 全国会议上。澳大利亚作者协会对有关澳大利亚本土的写作提供指导,并对知识产权和文化财产方面的本土权利进行解释:见“出版物” www.asauthours.org . 本土写作的委托出版,见黛安·布朗的“出版文化:澳大利亚的委托出版图书,1970—2000”,博士论文,维多利亚大学,2003 年,第 6 章。

思想开放的编辑对文化上的成功起到微小的作用。凯瑞·哈尔默(Keri Hulme)那部强有力的小说《骨人》(The Bone Person)在开始的时候是被拒绝的,正如一位新西兰作家所言,因为"出版业和编辑不具有承认这部辉煌著作的宽广的知识和视野,这部书超越了他们的文化深度和性别经验"。哈尔默反抗内容编辑的勇气"改变了新西兰文学和世界文学的面貌"。[1] 此书一经出版就受到读者的欢迎,进而赢得了令人瞩目的"图书人奖"(Booker Award)。

写作以土著为主题的作品应该洞察文化的标准,比如禁止把某个信息暴露给圈外人,禁止命名和复制最近死亡的人的图像。如果一本针对普通读者的图书打破了后一个禁忌,那么礼貌的做法是在初始页中增加一个注释,以提醒土著读者。

澳大利亚的原住居民和他们的祖先常常被大写为 Aborigines 或 Aboriginals以及 Torres Strait Islanders。因为 Aborigine(土著人)这一单数的用法在语源学上激怒了语言纯正癖者,所以如果你想安抚他们最好用 Aboriginal(土著人)。地方术语包括维多利亚的 Koori 和西澳大利亚西南部的 Nyungar。

好几百种曾经说过的土著语言只有约 20 种还在使用。一些土著人说澳大利亚英语(有时作为第二或第三语言),但是土著英语作为一种地区性的英语应该得到与其他语言相同的尊重。第 5 章讨论了印刷中的口语,表 9.3 为非标准演说提供了编辑示例。

土著的名字可以用不同方式拼写。例如,Arrernte 现在经常被写成 Aranda 或 Arunta,尽管后者可能在历史文献中出现。常用的名字在普通的字典中可以找到,但是在编辑土著语言资料时必须借助专门的参考书。[2] 在一些上下文中还必须观察当地特殊团体使用时拼写的变化;所有的州和地区都设有可以提供指导的文化中心。

新西兰的原住居民和他们的祖先是 Maori(毛利人),复数和单数相同。

---

〔1〕 凯西·邓斯福特,获得出版:内部的故事(邓斯福特出版咨询公司,奥克兰,2003),第 2 页。

〔2〕 R. 狄克逊和 W. 兰塞姆,英语中的澳大利亚土著语(牛津大学出版社,墨尔本,1992);尼克·斯博格和威廉·麦克格利高(编),麦夸里土著文字(麦夸里图书馆,麦夸里大学,悉尼,1994)。澳大利亚土著语言虚拟图书馆 www. dnathan. com/VL/austLnag. htm,由大卫·内森设计并维护,对资源有约 60 种语言的注释链接。

很多毛利字词已经进入了新西兰英语中。一些像 Aotearoa，pakeba，和 kia ora 的词已被全球的读者所了解，但是其他的词语还需要在书中进行解释以便海外市场的读者理解。[1] 毛利语言委员会(Maori Language Commission)的网站中列出了他们的出版物、服务和资源，以及满足不同兴趣需要的字典。[2]

被称为长音符号的读音符号使用在毛利字词中是为了代表长元音，可以用来确定含义。例如，“ana”的意思是“a cave(洞穴)”，但是“anā”的意思是“behold(见到)”。用双元音来表示语音的长度——anaa——已经不再使用了。在英语语言写作中，随着文字逐渐被吸收，写长音符号可能已经越来越少，就像单词 Maori 本身一样，原来它的正确拼写是 Māori。

设计、排版和版式

编辑们有着熟练的语言能力，但是他们的空间和视觉技能可能发展不完全。如同语言和常识一样，排版的知识、使用铅字和空白来表达含义是编辑的核心技能之一。《体例手册》的第 18 章全面讲述了排版的问题。

在你的娱乐性阅读中，注意什么使阅读更容易、什么让你苦恼，你可以试着去寻找原因。是空白太少了，还是尺寸(行宽)对字体的大小而言太宽了？每天有很多印刷品经过你的手边——杂志、报纸、小册子和图书。通过注意和观察来提高你对排版的鉴赏能力。

在排版方面你得到的专业知识越多，图书设计人员的工作价值就越高。与设计人员联系在下章中讨论，第 8 章的校对方法中有更多关于排版的内容。

[1] 一种方便的在线目录，“每个新西兰人须知的 100 个毛利文字”，见 www. nzhistory. net. nz/Gallery/tereo/words. htm。

[2] www. tetaurawhiri. govt. nz/ 常用字典是毛利语委员会编著的“Te Matatiki：当代毛利文字”(牛津大学出版社，奥克兰，1996)。

与编辑实务相关的技术

文字处理和电子邮件对编辑来说是必不可少的。你应该能轻松地收发文件,并且知道如何转化格式和添加附件,以便使你的系统能够阅读它们。文字处理和处理电子文件的技术在第10章中讨论。

复　制

编辑需要对不同类型出版物的复制要求和传递模式有一个全面的了解,以便给某个既定项目选择最适合的模式。每种复制方式在易理解性、成本、日程和生产过程方面都有不同的含义。

编辑应该理解原理,并且具备充足的术语知识来跟出版团队中的其他成员进行讨论:印刷型出版物有"bleeding edges(放血边)"(指延伸到页边的图片),网页应该"degrade gracefully(优雅地向下支持)"(可以精确显示旧版的和少见的浏览器)。所有的编辑应该全面理解他们处理的校对阶段(第8章)。为了复制,管理出版项目的编辑需要熟悉纸张的特性以及打印机的购买和不同的装订方法。关于这个主题的各个方面的信息见《体例手册》第24—26章。

3 管理和联络

足病学教科书《模仿的风险》认为疾病可以从足部扩散到腋窝。我认为编辑是出版过程中至关重要的因素，是三角关系的核心。此三角形的三个点分别是：

- 作者：这是我的作品！
- 出版商：是我出的钱！
- 读者：别忘了我！我是整个项目的目标！

对作者而言，你是一个助手；对出版商来说，你是质量的控制者；在读者眼中，你是倡导者。所以你常常遭受来自三方的压力，对来自三方相互对抗的要求进行平衡。

联络和谈判

联络的目的是要解决每个人需要知道什么以及在什么适当的时间告诉他们。编辑掌管着作者、出版商、设计人员和排版工人之间的信息流，但是不能用那些他们不需要的太过详细的信息"淹没"人们。

在你开始编辑工作之前，要弄清楚出版商或代理编辑是否把日程安排告知了作者，并且告之在同意改变、获得插图和许可、提供公开资料、准备索引等方面，特别是在这些任务的技术要求上，应按照我们期望的方式进行。你可能要简要地告诉作者。

在项目进行中，应将出版商的进展信息和你工作的步骤告诉作者，使她不要受到互相矛盾的指导。如果你暂时没有收到作者的信件，可以问问出版商有关进展情况。出版团队的其他成员可能已经与作者联络讨论插图或市场推广等问题，他们会知道作者的动向和状态。如果作者对编辑的建议不满意，就应和出版商讨论如何处理以及由谁去与她接洽。

谈判策略

任何出版项目都要经过多轮谈判，有正式的，也有非正式的。第 11 章中讨论了自由编辑人在项目开始前与委托人商谈的正式协议。下面要谈的是与作者的谈判。

在你开始进行任何谈判之前，要明确你的目标：你希望事情的结果是怎样的？知道你的极限：要得到这个协议你能付出多少额外的费用？你能接受的最少费用是多少？虽然你不希望刚好到这些极限上，但是知道这些很值得，你不会被迫超过你的极限。

对自由编辑人而言，钱不是唯一要讨价还价的东西。你可以用工作时间或工作量来进行交换——可能有些工作可以由作者或出版社来完成。丛书中的某一本书也许值得去给较低折扣，因为这样能保证整套书出版的继续进行。考虑什么对你的业务是有价值的，而不是成本。如果谈判失败，你可能以失去比金钱更重要的东西而告终：一个可靠的客户或你的声誉。

为了谈判你必须自信，自信来自你对业务的了解和你服务的价值。保持友好的气氛，不必用趾高气扬来表达你的自信。为了自己获得最好的交易，把目标设定到你认为必要的高度，因为得体的退让要比把你推到过高的希望容易得多。给出版商活动的空间，如果你对内容编辑的现实报价感到高得令人难以相信的话，那么告诉出版商你可以对期望值较低、收入较低的工作进行报价。

保持灵活以免出版商决定改变谈判的方向，提供不同的奖励或者甚至改变目标。这就是为什么你必须知道自己极限的原因。如果你的反应不快，那么要求给你几个小时的时间来思考。如果你真诚地寻求一个折衷的既适合你也适合出版商的办法，而不是试图威胁另一方来接受你确定的计划，那么你的谈判将会成功。

管理类教科书中有更多关于谈判技巧的信息，可以在书店的商业类部分或图书馆中杜威分类号 650s 下查找。

作　者

编辑为设计人员、排版工人和印刷工人把作者的想象转化成实用的指导。你给项目带来了你在语言、信息展示、参考书目、排版和图书种类的可能性方面的专业知识。当作者想要一些昂贵的或不实用的东西,如在插页上的大表格时,你可以建议用达到同样效果的其他方法。

富有成效的团队

编辑深入了解作者的意图是为了做出尽可能好的出版物。正如我们所说,你的目标不是去改变一个观点或改变一个场景,而是使之更清楚、更贴近。你不是一个批评家,而是作者的同盟与助手,应该指导她,开拓她的视野,从易犯的错误中挽救她。使她相信你打心眼儿里对她的书感兴趣。作者和编辑之间创造性的交流对双方来说都是令人愉快的事,可以把一个普通的手稿变成一部畅销书。老练的编辑鼓励作者去攀登新的高度,去认识她自己尚未知晓的拥有的潜力。

作者有很多种。有的在经济学方面有令人难以置信的渊博知识,还有的或是知道公牛眼部的肌肉,但是他们却不能写出一个完整的句子。另外一些人写得像个天使,虽然你只是在她的作品上点了几个逗号,她却认为获得你的承认而送上一大堆的赞美之词。还有些胆怯的焦急的作者需要安抚和鼓励;有的是那种很麻烦的作者,她把你卷入她的个人生活中;有的作者武断而顽固,每一步都要和你对抗。对于所有这些类型的作者,你都必须设法达成互相赞赏的有益的协作关系,你们重视彼此的长处,弥补彼此的不足。

与作者联系在某种程度上依赖编辑工作必备的水平。如果你在项目的初期介入——概念开发、手稿文件内容的修改阶段——与作者会谈是工作的一部分,自由编辑人因此会产生成本。在需要内容编辑或主要的语言编辑阶段,你最好是对手稿一做出评估马上就和作者会谈,用常用的术语告诉她哪些地方需要改动,对细节问题的日程安排达成一致意见。这样的会谈可以使你测量出作者对编辑建议的可能反应。但是在有些情况中,个人与作者的关系可能分散你对手稿要求的注意力。记住读者在开始阅读之前是没有机会与作者交谈并得到解释的。

谁是老板?

编辑必须懂得与作者关系的基本规则。在教育和机构出版物中,编辑对内容负主要责任,但是在贸易和学术图书中,作者有最终决定权。这是作者的书:她在书名页上署名,光荣与批评都由她享有。

作者对于你指出的错误和含糊的地方通常能很热心地改正,但是偶尔也会有不同的意见。你可以建议、论证和用好话劝说,但是如果作者不同意,也就是说——除非有一些高于一切的因素,比如成本或诽谤,你必须要求出版商介入。通常情况下,编辑会放下自尊而接受作者的意见。

在有多个合著者的图书中,设法建立一个组织,以便你只跟一个人打交道。把每个事项的副本发送给两个或三个人是不合适的做法,因为他们会对决定产生不同意见。有关权利和义务等问题应该在项目计划中列出来,正如下文解释的,在编辑工作开始之前所有的作者应清楚地理解。文选或文集由丛书编辑来协调,由她把你的疑问传达给单个的投稿人,并检查他们的回复,做出作者的决定。

如果通过广告介绍你提供自由编辑服务,作者将会与你联系。有时他们希望你编辑他们的作品以便向出版社提出出版申请;有时他们希望你管理整个出版项目,包括营销和发行;有时他们不知道他们想要什么。在这种情况下,编辑必须帮助作者对项目有清楚的认识并详细说明编辑的任务,如下文所述,在项目的初期阶段,编辑的建议既对作者有帮助,也使编辑的工作收到令人满意的效果。

态　　度

在大多数项目中,编辑必须小心谨慎,不要表现出像要全面接管目前事情的样子——即使在事实上确实如此。在编辑过程的各个方面,编辑必须尊重全文的完整性和作者的精神权利(第2章)。

对作者的地位要敏感。对你来说手稿是原始材料,但是对于作者来说是已经完成的作品。不管它有多么糟糕,它是作者几个月、可能几年的辛苦劳动的成果。要特别有策略地对待小说、自传和回忆录,这些作品中的文字是作者身份的延伸,她可能会感到被曝光和受到攻击。你和作者的联系要以你真诚地祝贺她取得成就为起点,找出特殊的方面加以称赞。在整个项目中,要让她知道在此期间发生的她能够理解的事情,不要表现出高人一等的样子;设法事先预测她的疑问,向她解释生产方式,在每个生产阶段提前提醒她。

编辑不要妄自尊大,也不要怕问愚蠢的问题。摆脱不要让自己看起来很傻的禁忌,放松地说出"我不明白"或是"对此我需要更多信息"。如果已经认真阅读了连编辑都不能理解的话,那么读者也就无法明白了。

"有多少编辑工作要做?"这是一个永久的问题。从理论上说,编辑工作几乎是不确定的。对某个特定工作的介入程度是由已完成的出版物的质量要求和可用资源来决定的,和项目计划书中确定的一样。一个有经验的编辑能够判断文字是否有独特的特点,因为是作者自己的偏爱或者她自己也不知道怎样才能更好一些。总的来说,不要在编辑时凭一时的兴致,也不要去适应自己的口味;你必须能够根据读者的需求和出版物的要求来预防任何变化。

得体的战术

用体谅和尊重的态度来表达你的评价。如果作者是老板,那么就要清楚你所做的变动只是建议,她有权否决。不要过于详细地描述缺点和错误,但要建议如何克服它们。通过包括偶然的肯定的评论,像"好点子"或是"美妙的形容",来减轻你疑问中的批评语气,在纸质文稿的页边处做上记号。作者可能不知道他们的优势是什么,但是一旦他们明确了自己的能力所在,就能在此基础上大有建树。

你的表达应该是婉转的。在评论的最后将"解释或删除"等问题的标注从强制性的命令变成尝试性的建议。可用的短语有"您用……的意思是"和"您是如何理解……的"。

在给作者的问题中你要表达准确。如果你对手稿的某个部分感到不舒服,应分析原因直到你能清楚地表达出来。比如,我曾编辑过一部小说,其中一个人物在两个极端间转变,他在挑剔和雅致,粗鄙、残忍和肮脏等个性中变来变去。对比是如此强烈以至于我疑惑是否是作者的疏忽用同一个名字描写了两个不同的人物。不是,她回复到,她描写的是一个有着矛盾个性的人物,她对这个人物很满意。我仍然觉得不舒服,我觉得读者会无法理解。所以,我对人物的名字进行全面的调查,并仔细地重读了他出现的每个场景。我的结论是,他的对话和行为符合作者的意图,但是仍有一些自然描写的句子是完全矛盾的。我把这些结论粘贴在电子邮件中,还建议作者增加一些前期的暗示或线索来帮助读者理解人物荒谬的个性特点。一旦问题明确了,作者也同意这确实是个问题,因此用老练的笔触做了修改。

有时在编辑时,在修改一个句子后要再想一想,问问自己是否曲解了其中的含意。但是,假设你在编辑上的判断是正确的,事实是你改动的地方存在错误,在这种情况下,一句"这是您要表达的意思吗?"这样的注释,可以向作者表明这个章节有些含糊,你的修改是暂定的。这样做还有一个实用的好处,就是你不用抹掉或彻底改掉你做的变动。

虽然排印的知识在四处传播,但不要假设作者理解有关的专业术语和标记。你必须判断每个作者的能力。有些是文字处理的专家;有的还不会打字,你得告诉他们斜体字(italic)是倾斜的字体。把这些问题考虑到你的安排中,尽管在最后的句子中有精彩的评论,也不要以恩人自居。当你想要作者做什么时,比如答复疑问,应明确解释你希望她如何回复等,应考虑她在语言和技术方面的专业等级。她可能喜欢在可以打勾号的纸上把问题列出来,而不喜欢在电子稿上作评注。

编辑作者疑问、版本控制和电子文件的技术在第10章中解释。

作者的回应

几乎在所有的案例中,作者都很重视编辑的技能并感谢编辑,一个胜任工作的编辑不会引起敌意。可是有些作者不能真正领会你所做的工作。在一次宏大的编辑工作中,在我完全重新组织了材料的结构、重写每个句子并增加了自己设计的几个图解和表格后,作者对这份清晰的打印稿的反应是"我喜欢你展示的方式"。

你可能会遇见这样的作者,她用轻蔑的态度来终止你在编辑上的当务之急,就像《阿拉伯的劳伦斯》一书所示范的那样。与《七根智慧之柱》的校对员进行交流,其中有:

● "您在书中各处交替地使用 Jeddah 和 Jidda[1] 是有什么目的

[1] Jidda (Jeddah):吉达,沙特阿拉伯西部港口城市——译者注。

吗?"——"当然!"

● "Sherif[1] Abd el Mayin 变成 el Main, el Mayein, el Mucin, el Mayin 和 el Muyein。"——"好人,我这样称呼真是很巧妙的。"

设计人员

除非把出版物版式和打印页的版面形象化,否则编辑工作是很困难的。通常情况下你只能通过设计大纲来与设计人员沟通,特别是当你和设计人员都是自由职业人时更是如此。这样就失去了机会,因为设计人员经常可以提出一些排版设计和版面编排方面的建议来解决那些在编辑的办公桌前看似难以解决的问题。但是,有时设计人员对出版物的表现形式比对出版物的内容更感兴趣,因此,必须机智地劝阻无理的设计元素(gratuitous design elements,简称 GDEs)。

与知识渊博的设计人员共事是一件幸事。他们能够把握中心思想并运用他们的技能来阐明它。"重要的是,当一个读者拿起一本出版物时,出版物的设计会使他集中注意力,不会心不在焉而走开。设计人员必须使用吸引目标读者的可视语言,必须理解出版物的内容,并设计出适合它的'信号系统'。"[2]

自由编辑人应该向客户索要联系的细节,并向设计人员咨询特殊的要点。在一本以设计为本的书中——比如,一本烹饪书或一本复杂的教科书——设计人员应该从一开始就协助开发理念,并且自始至终与编辑保持密切的联系。电子出版物也是一样(第 9 章)。建立了联盟的编辑和设计人员,能够通过生产出色的产品和在其他项目中推荐各自的服务而共同受益。

设计大纲在下文的"项目文件"中讨论。

---

[1] Sherif:穆罕默德的后裔,阿拉伯国家的王子——译者注。

[2] 大卫·怀特布莱德,"网络对印刷的影响:设计的未来",论文提交于 2003 年 7 月布里斯班召开的 CASE 全国会议上;可以在昆士兰编辑协会的网站上找到。

项目定义

项目定义就像前奏一样：如果省略了，成功的机会就很少；如果马马虎虎，结果是令人不满意；但是如果做得十分彻底，每个相关人的经验就可以得到提高。

编辑介入出版项目时，它可能只是大脑中短暂的灵光一闪，还没有在纸上形成只言片语；或者只是一个草稿或部分手稿；或者是一个最终的定稿，版式和版面设计已完成，作者将坚决捍卫它。当代理编辑和作者一起、自由编辑人和业余出版商一起工作时，可能需要明确出版物的目的。他们依靠你可能具备的知识来开发他们心中的理念。

最好能系统地进行并且草拟一个正式的项目计划。这里有一个流程的概要。[1] 即使没人要求你准备一份计划，你也应该在自己的大脑中把这些事情想清楚。

项目计划

在任何出版项目中，你必须设定出版物想要达成的目标，并且设计出实现目标的最佳途径。下面的步骤需要与出版商紧密磋商和谈判。在程序的最后，你将获得起草编辑大纲和合同的所有信息。这里的案例来自于图书。同样的原则适用于电子出版物。

1. 明确出版商的目的：出版商为什么要出版这本书？他们希望达到什么目标？

2. 确认读者群：目标市场是什么？谁会买这个出版物，他们如何使用它？这本书带给读者什么样的知识？该书适合什么样的语言水平？它将对何种专业术语进行解释？

3. 明确出版物的目标：把书中将要使用的目标和方式一一列出。这将有助于你决定需要什么内容以及如何组织内容来达到目标。一旦你明确

[1] 这些描写以洛马·斯努克为堪培拉编辑协会准备的委托出版图书核对清单为基础。

了目标并知道读者是谁，那么有关版式、生产流程和质量等问题就缩小在几个选择中了。

4. 评估竞争：对一个商业类的出版项目来说，要研究市场中其他图书的优势与弱点，以及此书与它们相比较的结果如何。

5. 决定适当的规格：长度和结构、插图、版式（尺寸、排版设计、版面编排、颜色、封面、装订）以及印数。

6. 检查手稿：做一个初步的估价来评估所需要的条件，或者是在可能的情况下对全部手稿做全面的评估（第 4 章）。

7. 确定质量和限制：最后完成的产品所要求的质量确定了编辑和设计工作的范围以及插图和印刷的质量。明确对质量的限制，包括预算、时间表、手稿的质量以及法律和形式的要求。其他限制可能与作者、团队的其他成员、所需的资源或许可、检查或批准过程以及印刷和产品有关。

8. 谈判任务和责任：确定达成协议的核心编辑任务的范围和编辑将提供的其他附加服务——调查研究、重写、桌面出版。为预算和日程表、质量控制以及团队表现确定责任。确保这些目标都是可实现的。对各个生产阶段的日程安排和编辑预算、附加服务以及你可以协商和控制的生产成本达成协议——转包人、设备、开支、材料、印刷、发行。

9. 将这些决定以编辑大纲和协议的形式格式化：见下文的“项目文件”和第 11 章。

读者报告

在图书产业中，编辑通常在一部手稿被出版商接受后才介入到流程中，但是有时也会要求编辑对一部草稿提出意见或写一个读者报告，也称为编辑评论。一篇读者报告类似于图书评论，但是它的中心内容是该出版项目是否值得继续进行。出版商通常从一些与主题相关的专家那里得到几篇有关手稿的报告，但是出版商在要求编辑写读者报告时不希望她有相关的专业知识。你的任务就是明确手稿的优势和缺点，决定需要做哪些编辑上的工作，并建议该书如何营销。

出版商似乎认为读者报告只值一点象征性的报酬。但总是要花费好几个小时才能对手稿有所了解，并花上更多时间才能写出报告，因此，两页纸的报告，自由编辑人应根据实际情况收费。承担撰写读者报告的一个主要原因就是你可能得到文稿编辑的工作。

一篇读者报告不需要像第4章描述的那样做详细的评估，即便是评估，也只是对手稿质量和缺陷的总的理解。无论如何，只有通常那点可怜的费用，你也不必花时间把整个手稿仔细读一遍。你的报告的开头是对手稿的目的、范围和意义进行简单扼要的介绍，接着举例描述它的优点和不足之处。如果有必要，建议如何修改使之成为畅销书；最后对读者、竞争图书和营销等问题提出意见。

例如，下文是一篇未完成手稿的详细的读者报告的一部分，报告给出版项目中遇到的问题提出了富有想象力的解决方案。[1]

> 该书没有划分章节，书中标题几乎都是随意选择的。作为最重要的第一阶段，整个作品的结构或骨架应该准备好。在这些材料中，约每5 000字应分成一章，每章中应有可以清楚识别的主题或阶段。每章中的内容应该被分成若干小单元，并有标题帮助阅读……
>
> 对重要人物的引人入胜的观察通常可以合为一体，而不是以简短的形式，严格根据他们与主题的关系来判断。
>
> 该书的内容长度不应该超过目前的2/3，而且，应该严格按年代顺序进行处理。但是，我并不认为按年代进行分割（它开始于手稿的相当晚的阶段）是唯一令人满意的方法。用日期的顺序来叙述发生的事件也有一些长处，但是，我建议应该要求设计人员修改页面风格，设计一个标示日期的页眉，使读者能够及时了解所处的位置。这个强加的处理规则也对作者的不按时间顺序追溯或提前叙述的写作方式有示范作用，帮助他改掉这个缺点。

在准备读者报告时，要把你的意见和文中的范例紧密联系起来，就像"澳大利亚编辑实务标准"简报中体现的那样。

> 对无名的作者来说这是开创性的工作。在写作范围上非常小心，它用包罗万象的主题来编织想象丰富的织锦：责任、失去的清白以及为自治而斗争。
>
> 写作在质量上是参差不齐的。有些部分蕴含着惊人的、激动人心的含义，正如"单词及其含义"（D3.2）所要求的那样，是完美简洁的精

〔1〕 摘自维多利亚编辑协会举办的专题研讨会的印刷资料，1970s。

品,符合“使用标点符号来明确含义,便于阅读”(D1.4)的要求。细节的不断积聚是有效的,但有时也会使语气变得烦琐甚至焦虑。

当后现代打破了根植于悲哀节奏中的个人身份时,写作有了一些激情的时刻:“作者可能是一个人或几个人。作者可能是也可能不是委托人”(D2.1)。书中有一些令人震惊的形象(寡妇和孤儿漂浮在空间的河流上,E5.2),但是作者趋向于去卖弄乏味的文字技巧,例如,头韵(Prepress, print production 以及 proof-checking, processes,A6.1)。

作品有些严重的缺陷,B1.5 的注释中介绍的一些很有前途的角色,“出版团队人员包括……”,并没有得到详细阐述。编辑和委托人之间暗含的紧张关系有戏剧性的进一步探讨的可能。情节平淡并可以预见,缺少结局。

如果出版时维持现状,继续目标营销计划和进攻性的价格策略,那么这本平淡的作品只能取得有限的成功。如果选择改写,加入幽默,可能的话加点爱的情节,就可能轰动一时,甚至得到电影改编权。

长度评估

如果你处在项目的开始阶段,想对长度有个粗略的概念,应知道一本书每页大约300字,根据版面设计加减50%;如果字体较小而页面较大,填满每页可能需要500字。

要做出更精确的评估,称为“丢弃”,你需要知道原稿的字数以及完成后的出版物每页会安排多少字。不要依靠作者的字数,她可能会省掉一些实质性的项目,如附录、注释或习题答案。

如果因为一些原因你不能进行电子字数统计,你可以这样评估:

1. 选择一个平均行并算出字数。
2. 乘以每页的行数。
3. 乘以正文的页数。

一旦你知道原稿的字数,你就可以算出完成后的出版物的页数:

1. 用总字数除以每个印刷页的字数。
2. 如果有插图或表格,把它们算为整页、半页或四分之一页,计算到总页数中。
3. 为标题和每章开始和结束的空白加上少许的比例。

4. 把上面的数字加起来得到总页数。
5. 给初始页和书末资料,包括索引,增加适当的页面。

选择样本材料

设计复杂的图书一般要求有样本。样本通常有约6个双页,展开来如同单页校样,以便让出版商、作者和营销部门能够评价设计并按要求进行修改。如果要求你为样本选择资料,那选择某章的开始和书中含有所有要素的几页——文字、各级标题、引文标记、图片和表格、加框文字、脚注等。如果可能,选择的页面应是连贯的,但是为了体现各种要素,应该包括一些零散页。

当你选择好后,把它们影印下来,并给设计人员注明这是影印件如同你在手稿上做的一样(第8章);标明其目的是"样本复制"。提供要素清单,包括颜色代码或微软字体等你已用作标注的信息。

准备评估

为了评估一项工作的编辑成本,你需要项目计划书和编辑大纲。如上文所述,项目计划书明确了出版目的,谁是读者以及质量要求,还包括对手稿至少是粗略的评价。下面的讨论是站在自由编辑人的角度,代理编辑采取相似的步骤来算出他们工作的成本。

估算所需时间

为了估算工作的价格,你需要知道它将花费多少时间。项目计划书和编辑大纲列出了编辑的责任,从这些材料中你可以列出你必须完成的任务。表3.1展示了我如何把过程进行分解,如第9章所述,但是还有很多其他方法。有些方面的工作很容易被忽略。因此你必须把对手稿每个部分进行的文稿编辑任务都囊括进去,同时还有本章讨论的管理和行政工作以及大纲中提到的其他任务。

下面是一些巧妙的做法:列出你负责的每项工作,根据手稿的长度和质量给完成每项工作分配恰当的时间。对时间的评估是一项需要经验的工作,但是也有捷径。如果你已经做了作为手稿评估的一部分的样本编辑(第4章),你可以由此推断出编辑全文所需要的大概时间。如果你有类似工作所需时间和报酬的详细记录,则可以提供参考。当然工作的细节才是决定的因素。

在你做了大致的分配后,检查你得到的总和,确定是否与每项任务的重要性一致——管理和联系工作会占去四分之一可利用的时间,但是显然你想把更多的时间用在编辑工作上。时间因难度而增长——写作的质量差、大量的参考书、作者数量多等都需要增加额外的时间。文稿编辑工作以外的其他工作,比如图片研究、核对校样或编制索引,也需要额外的时间。

表3.1 文稿编辑时间分配表

任务	估计所需时间(小时)	小计
评估与估价		
联系作者与委托人		
粗加工:		
正文		
参考资料		
图片和插图说明		
初始页,检查正文标题		
精加工:		
正文		
参考资料		
图片和插图说明		
初始页		
编辑作者疑问		
合并作者的修改		
编辑文件,最后核查所有部分		
打印并检查编辑过的原稿		
校对和修正打印稿		
发票、装包和发送		
总计		

工作价格

准备估价的办法之一是计算工作所需的小时数,如表3.1所示,再乘以你按小时计算的费用(第11章)。即使这样,你还是没有得到你工作的价格。

● 一些自由编辑认为费用——电话费、互联网费、纸张费、邮资费和快递费——作为经常性的支出都包含在按小时计算的费用中,但是如果你是分开花费,应该把它们加上。

● 如果你是在屏幕前工作,要加上下载的时间,因为你运用了其他技能——记者允许为此加上6%——还提供了需要维护的设备以及节省了委托人键盘输入的成本。

● 增加一个小的百分比——要知道巧妙地去"编造因素"——给那些不可预见的难题。因为那些不可预见的难题的性质是什么形式你是无法说清楚的,但是相信我,这些难题一定存在。

第一次估价是你按照一般情况作出的,暂时放一放,因为你在分配时间时太大方了。回头再检查一下你的时间表,把它删减到更切合实际的程度。但是,不要太苛刻了。致命的是你的开价很容易低于市场价格——或者是你低估了某些工作量,或者是你担心你得不到这项工作。要有自信!有的时候当你胆战心惊地提出一个似乎巨大的数目时,你发现刚好略低于委托人的预算,还可能收取更多的费用。通常情况下,估价要高于你真正的期望值;不仅要考虑你低估的部分,而且偶尔还可以因真诚地替委托人节省而提升你的信誉。

当你把估价报出去时,用文件详细地列出工作所包含的内容。在流行于图书业的非正式关系中,你们可能就某个数字达成一致意见,但是后来发现,你的委托人希望这笔费用中包含校对工作和核对,而你认为那些只是文稿编辑的费用。

项目文件

一个出版社或政府机构一般有文件程序供你遵循;如果你是一个自由编辑人,你的委托人是作者或企业出版商,你就得自己做。通常情况下,用作者的姓名和出版物名给所有文件或手稿的各个部分做上标记，无论这些出版物是纸质的还是电子的。

虽然不用准备文件来记录编辑变动和授权变动，但你的工作过程应该是清楚的，以防任何争议发生。手稿更新的版本保存在合乎逻辑的文件名下，连同信件一起，显示作者和出版商对特别建议的协议（见第 10 章）。

在你开始编辑手稿之前应该有的文件包括：

- 项目计划书，上文已述。
- 对自由编辑人而言，一份合同（第 11 章）。
- 编辑大纲。
- 工作文件。

当你把编辑过的手稿寄出时，无论是打印的还是电子格式的，你都应该把以下文件装入信封或附上以下文件：

- 附函或移交表格。
- 给设计人员的大纲（如果需要也可以是给画家、插图画家、索引编制人）。
- 单词表和格式清单。
- 书内顺序。
- 时间表（出版社内部编辑）或发票（自由编辑人）。

让我们更详细地看看这些内容。

编辑大纲

编辑大纲应该符合第 11 章合同部分列出的指导方针。仔细研究大纲，确定你理解了你需要完成的工作的含义。在成本控制很紧的工作结束后你重新检查大纲时，不希望有任何的意外出现。

表 3.2 展现了来自于一个出版社的典型的编辑大纲。这种简明的大纲只适合于编辑和出版商对定义和质量看法一致的情况。为其他组织工作的编辑需要弄清楚出版商的期望。

工作文件

工作文件至少要包括委托人与作者的姓名和联系细节、编辑和委托人之间的合同、编辑大纲、出版社的风格（如果有的话）。还包括背景材料，比如出版商与作者间的往来信件、出版建议和读者报告。还有写作方针、一系列的体例或单词表需要遵循。有时还要列出书中图片清单,还有供参考的书籍图案以及想达到的版面编排和设计效果的样本。

附　函

如果出版商没有提供移交表格,在发送编辑过的手稿时寄上附函。以你寄出物品的清单为开头。接着说明出版商必须采取的行动,比如在获得许可后采取进一步的行动或获得 CIP 数据。记录任何送达的复制件,说明它的长度、位置和到达日期。如果在编辑期间有任何项目的变动,都会影响成本——字数暴增或作者增加了额外的地图——都要用文字把它表示出来,即使是出版商已经非正式地同意了。

表 3.2　在图书业中,编辑大纲可以是简单的核对表

在此图书项目中,你要做的有:

- ☐ 编辑原稿
- ☐ 向作者提交编辑疑问
- ☐ 检查修订后的原稿
- ☐ 评价和整合插图
- ☐ 提供书内顺序和设计大纲
- ☐ 完成附上的排版说明书中由编辑填写的部分
- ☐ 提供页眉副本
- ☐ 提供插图说明副本和插图清单
- ☐ 提供插图标记副本
- ☐ 提供图书推荐广告草稿和封面副本
- ☐ 核对初校样
- ☐ 编制索引

所有编辑文件都要以电子格式传递。

设计大纲、排版说明

像职务说明把实际情况弄得模糊不清一样,文件也是如此。传统的设计人员和排字工人的角色通常是混合在一起的,那就是从事桌面出版的人,设计大纲和排版说明也就合二为一了。你可能不知道设计人员和排字工人有多少专业知识;如果你怀疑她在图书方面缺乏经验,那就给她全面的明确的使用说明,包括你使用的校对改正符号清单。

在出版社工作的编辑经常可以与设计人员讨论遇到的难题,但是写一份设计大纲总是明智的。它展示了手稿的特征和所有非同寻常的特点。一些出版商提供一个表格供你填写,但是你常常要告诉设计人员更多表格以外的东西。一个创作设计大纲的自由编辑人应该把它写在印有信头的商业信函中,以便设计人员有疑问时可以联系。给它一个适当的标题,通过作者和书名来识别这项工作,如表3.3所示。

开头是对手稿的组成进行说明;接着是在各个标题下的不同部分,说明它们包含的内容并需要注意的一些特殊要点。确信你告诉了设计人员她需要知道的每个信息。如果你使用了颜色代码,那就要解释一下颜色系统。让她注意任何关于版面的问题,比如大型的表格、长标题或引文。列出使用过的任何特殊的“类别”或字符,如数学符号或读音符号,说明它们出现的次数和位置。

你还可以为排字工人列出常用的使用说明和整体改动。表3.3中,编辑在计算机上工作时已经做了一些整体改动,但是仍然把它们包含其中是为了显示各种可能性。在设计大纲中还可附上单词表、格式表和书内顺序,还有下文将讨论的页眉副本(第4章)。

正如我们所看到的,排版说明与设计大纲相交叉,在它们的处理方案上都用简单的注释列出了书的组成,但是排版说明还包括详细的写作指导(比如“调小全文的字间距”)和结构说明(比如“迎面页版心高度应相同”)。你应该熟悉这些指导方针,特别是当你从事校对时,但是通常情况下你不用把它们写出来。

书中图片的简要说明

书中图片简要说明的形式多种多样,从照片清单到给插图画家和制图人员的详细说明。教育出版社通常有标准的书中图片简要说明供你填写。如果你必须自己准备时,它应该是这样的:

表 3.3　典型的设计大纲:学术类论文

设计与排字大纲

Likiardopolous & Ng 编,圆片、圆锥或纸杯:澳大利亚人喜爱的冰淇淋的历史

- 手稿初始页由 1—12 页组成,正文 1—359 页,两张在微软 Word2000 下使用的磁盘,附上 24 张铜版纸的表格副本 T1—T17。
- 还可参见附件中的单词表、字体表、书内顺序和书中图片的简要说明。

标题

- 部分标题、每章标题和三级小标题,A,B,C,参见字体表。
- 每章标题为双栏,可以占两行。
- C 级标题只在第 5 章和第 8 章中出现。

引文

- 全文使用单引号(但是双引号使用为引号里的引号)。见副本。
- 如果一个句子语法上完整,其句号在最后一个引号里面;但是如果句子在语法上是不完整的,那么句号在最后一个引号的外面。见副本。
- 把超过 50 字的引文下置(缩排)。用红线在纸质文稿中标出,在软盘中采用 xBlock 引文字体。
- 项目符号在下置的引文中,手稿第 157 页。

尾注

- 注释出现在每章的结尾,不用移到全书的结尾。

特殊设置

- 包含数学符号的方程式在手稿的 23 页、47—56 页、278—281 页、302 页,见纸质文稿中的标注。
- URLs(网址)是被断开的,在任何点或斜线后没有连字号。

表格

- 电子副本上的位置标注采用 xTable 标题字体。
- 按照纸质文稿中标注的进行设置。
- 表 7.3 和 7.4,在手稿的 221 页、231 页,很长。

整体改动

- 删除段落之间的一行空格,用首行缩排开始新的一页。
- 标题之后顶格(左对齐)。
- 用隔开的连字号和半身铅线表示正文破折号;都用封闭的全身铅线代替。
- 把直引号变为弯引号。
- 数字之间用一段半身铅线来代替连字号。

● 用数字标明图片(如表 1.1、图 1 等)。

● 注明版式(素描、黑白照片等),如果需要还要注明电子文件名。

● 说明每张图片在最后成书中的位置,通常用标注后的手稿的纸质副本中相关的页码表示。

如果没有单独插图说明副本的,书中图片的简要说明还可以包括插图说明、每个图像的简短描述、材料的细节和许可情况。

如果你必须提供书中图片说明,用文字描述什么是需要的,如果必要还要提供草图或照片。条件是插图画家不是墨守成规的人,也没有表现出危险的工作习惯。编辑必须考虑提供的书中图片能被复制,见第 6 章。

单词表和字体表

编辑为每个项目制作一个单词表,详细列出手稿特殊的拼写、大写字母和连字号。传统上把这种清单称为字体表,但是后来微软公司窃取了 style(字体、体例、样式)一词。因此,现在在手稿中使用的术语"字体表"表示微软 Word 中的字体。在编辑单词表时,要考虑校对员需要知道的信息;对于字体表来说,要考虑排字人员需要了解些什么。两者都需要标明作者姓名、书名以及附上设计大纲。示例见表 3.4,以 x 为前缀的字体名表示自定义的字体。

表 3.4　典型的单词表和字体表:学术经济史

McLeod & Antonioni:强权政治

词汇表

acronyms: no full points	government (l. c.; but cap	policy-making
Area Boards	for particular ministry)	possessive: Davies's
chairman (l. c.)	Hazelwood power station	program
Chapter 9 (cap)	high-voltage (adjective)	real rate of return (no hy-
coal-fired	hydro-electric,	phens)
cogeneration	hydro-electricity	return on equity (no hy-
co-operate,	Inquiry (1982)	phens)
co-ordinate, etc.	interconnectionise	shut-down (noun)
County Councils (NSW)	Latrobe Valley	stand by (verb): stand-by
(caps)	Minister	(adjective)
CRA Ltd	ministerial	state (l. c.)

Davey, Ron	North-West Shelf	time-of-use tariffs
Davies, Ken	offshore	United States (noun); US (adjective)
diesel-battery system (en rule)	open-cut mine-our	Upper House
diesel-generated	overmanning	User-pays (adjective)
Electricité de France	Pacific North-West States (US)	Workforce
federal (l. c.)		World War Ⅱ
financial years: 1980/81		Zeidler Committee
general manager (l. c.)		

字体表

xAhead：主小标题

xBhead：次小标题

xbibliography：进入参考书目

xbullet point：指明在项目符号中

xchapter head：每章标题，包括章号

xcontent：进入目录

xendnote：尾注文字

xfigure caption：包括数字号，标明数字位置

xnumbered point：指明在数字清单里

xpara：正文段落，首行缩排

xpara f/o：正文段落，首行顶格

xprelim head：初始页和书末资料的标题（目录、前言、注释、参考书目）

xquote para：下置的引文，首行缩排（用于第二段以及后面的段落中）

xquote para f/o：下置的引文，首行顶格（用于第一段中）

xtable：表格正文

xtable column head：表格中的列标题

xtable title：表格的标题（插图说明），注明表格位置

书内顺序

书内顺序是反映初始页、正文和书末资料的顺序，以及初始页页码顺序的一个清单，见表3.5（更多关于初始页和书末资料的信息，见第7章）。

表 3.5　典型的非小说类图书的书内顺序表

左面(左手页)	右面(右手页)
	i　副书名页,简略书名页
ii　(空白)	iii　书名
iv　版权页	v　目录
vi　续目录	vii　插图目录
viii　续插图目录	ix　前言
x　续前言	xi　续前言
xii　(空白)	xiii　致谢
xiv　续致谢	xv　缩略语表
xvi　(空白)	p. 1　绪论
	1—12 章
	结论
	注释
	参考书目
	索引

书的右页,页码是奇数,显现在右边;而书的左页,页码是偶数,显现在左边。这种版面设计方式可以帮助你想象哪些页面是面对面的:第 1 页面对着卷首空白页或前封面的里页,第 2 页和第 3 页组成一个展开或打开的面,等等。

在你还不知道应该包含哪些内容时不要做书内顺序清单。如果作者拿出额外的内容,比如关于术语的注释或一个附录,或者是你认识到需要增加一些内容,比如度量单位换算表或年表,你就必须修改它。

一旦你准备好了书内顺序表,你就可以相应地排列初始页页码了。通常,作者的姓名和书名位于书内顺序表的最上部。写上"未定"字样,附在设计大纲上。

监　控

编辑要花相当多的时间慢慢地促使人们生产出产品。

自由编辑人的工作大部分直接按照表2.2中描述的流程进行，他们可以使用诸如日记或工作计划等简单记录进行工作追踪，详见下文。此外还可以结合其他项目执行中的监控系统来调整以适应你的工作。负责项目管理和指导出版团队的编辑设计了一个核对表，通过它可以追踪每份手稿所有收到和发出的零碎信息。监控工作中的重要部分是版本控制，在第10章中讨论。

在你希望收到材料的一两周前，检查确定它在你的追踪范围内。要讲策略，但是也要坚持不懈。在你需要的材料没有到达时，使用一些巧妙的用语如“我想知道您对这些疑问/校对/索引怎么看，以及是否需要我的帮助?”等来询问作者，这比抱怨更容易促进彼此的良好关系。一个自由编辑人向委托人询问希望获得的项目是否按计划进行时，可能会得到不受欢迎的回答：“哦，对不起，我们没有告诉你吗，我们已经决定把这本书推迟到明年了。”

对你寄出的每样东西，无论是包裹还是电子邮件，都要进行追踪，这是一个很好的习惯。包裹可能被送到城镇名称相同而州名不同的地方，或者在某个大学的收发室或货站苦苦等上数天；电子邮件可能被过分热心的垃圾邮件过滤系统所封锁，或者简单地说没有看。如果过了几天你还没有收到回信，就应向你寄出的地址询问一下是否收到。

日　记

日记是一种用来记录所做工作和与作者、出版商联系的便利的工具。我用作者姓名的大写字母作开头，所以我能很容易地进行回顾同时看看我最近的工作情况。我简要地记录电子邮件和电话联系的内容，特别是一些决定，以及邮件和电子副本发送的时间。我还记录了每项工作花费的总时间。我总是在工作计划中对此进行总结。

工作计划

全职编辑往往有一打或更多的处在不同生产阶段的项目，工作计划展现了工作流程的整体概况。表3.6中所展示的是一个自由编辑的业务状况，被雇佣的编辑可以添加或删减栏目以满足他们工作机构的需要。为了保持每项工作的正常运转，每隔几天就要参考一下工作计划表。当某项工作在一段时间内都没有任何行动时,应找出其中的原因。如例中所示,你已经有好几周都没有听到有关爱德华兹那本书的消息了;你最好去确认一下校样是否已在8月5日收到,因为如果他们推迟了,就会与作者Chan的修改相冲突。

表3.6 自由编辑部分工作计划

最近更新时间:7月25日

出版商	作者和书名	阶段	最近的行动	下一步行动 *=可以开始 **=现在开始	最后期限	报价	按小时计,不开帐单
Dicey & Dodgy	EDWARDS Orchids for Fun and Profit	设计与排版	6月20日送出编辑手稿	8月5日核对初校样	8月12日	按小时记账	6.5
Camford UP	HEINZ Sociology of Sociology	等待作者的修改手稿	7月24日与BM电话联系	8月15日完成手稿编辑	9月23日作者问题	手稿和校样 $4 000	3
Linen Press	CHAN Antimacassars in Focus	编辑手稿等待作者修改意见	7月22日给作者发电子邮件	8月9日整合作者修改意见	8月17日	仅手稿 $1 800	22

运 行 表

我为每项工作制作了运行表,它列出了我必须完成的工作和我希望每项工作需要花费的小时数,同表3.1。我制作它是为估价做准备,在工作期间我把它放在身边来监控工作进程。如果我估计用10小时进行全文的粗加工，实际上我用了5小时只完成了四分之一，这样（根据第9章中描述的文稿编辑方法）就能认识到这项工作比我想象的要复杂，我必须和委托人重新就商业预算和日程安排进行协商。如果我发现在精加工中花费了太多时间——由于不安或急躁——我可以使自己加快速度，或者告诉自己在这个项目中要亏本了。

《体例手册》的第26章给正式监控过程提供了建议。自由编辑人的日程安排见第11章。

4 内容和结构

术语“内容编辑”和“结构编辑”一般被当作同义词使用，但是它们的意义有所区别。内容编辑涉及书的主旨——内容、表达方式和结构——是一个含义更广泛的概念。这种类型的编辑需要与作者和出版商保持更紧密的联系。

这里我们探讨对于印刷出版物和电子出版物而言内容和结构的意义。内容编辑的方法在第9章中描述。

内　　容

只有理解一本书，才能对它进行编辑。一个编辑应该能够处理准备供受过教育的一般读者阅读的任何出版物，但是专著或者极具突破性的作品可能会挑战你的理解能力的极限。如果你对主题的知识和认知能力比目标读者更少，坦白地说你将无法胜任这项工作，应该允许出版商去寻找有合适专业背景的人来从事编辑工作。

出版物的内容由语言文字和图表组成，在接下来的两章里将会提到。这里我只谈常见的几点。

小　　说

机械写作和创造性的写作之间有着明显的差异。通常，非小说读者是被动的接收者,他们要求所有信息能被合理安排和完整解释。与之相对的是,小说读者是积极的参与者:他们在与作者的合作中赋予作品新的含义。

小说,我指的是长篇小说、中篇小说、短篇小说、剧本和诗歌;同样,在某种程度上,也指其他类型的文学作品如自传、传记甚至史书。

小说的结构是循环的或者螺旋状的,而不是线性的或者分层级的。小说的叙述或情节由暗示、线索、印象和氛围来展开。几个作者的声音会轮流说话,音调和语速会因场景的不同而有明显的变化。词汇可能包括令人愉快的新创词,如 uninsultable 或 scruffling。技巧包括有意的重复、故意的含糊和出人意料的结局。正如下一个章节我们会看到的,小说可能会违反语法规则,尤其在对话中。

在编辑小说和同类文学作品过程中,你一定要立场坚定,即这不是你的作品而是作者的;你的任务不是改变作品使之合乎你的观点,而是协助作者实现她的目的。在书面和口头语言中,编辑一定要敏感于词汇语法的细微差别和隐含意义。比如,假设作者写了"She hesitated for a moment. Then she moved forward."(她犹豫了一会儿。然后她向前移动。)你可能想把它改成"She hesitated for a moment, then moved forward."(她犹豫了一会儿,然后向前移动。)在作者看来,在 moment(一会儿)之后的完全停顿是迫使读者停下来,有强调的意思;但是修改的版本中消除了这一差别,过分地迎合了句子的节奏。

小说的作者在作品中注入了自己的身份,编辑一定要比平时更尊重作者,更讲策略。编辑与小说作者的交流在第 3 章"作者的回应"中提到。

小说编辑应该具备一些关于文学和大众化写作的流行趋势方面的知识。你总是要完成文稿编辑和文字编辑的基本任务的(第 9 章)。请看以下要点:

● 作品中人物和场景的描述要有内在的一致性,来源于现实世界的事实一定要准确(如下)。

● 检查事物的真实性:比如,人物在煮鸡蛋时的动作和对话一定只会持续几分钟——不能多,也不能少。

● 要特别注意不标准的陈述,这部分将在第 5 章"书面口头语"中讨论。

● 不要想当然地改名字:有时作者在写作过程中会改变人物或者地点的名字,但是偶尔会留下一些旧名字的例证。

● 适当地建议,增加补充说明材料,如地图、家谱图或词汇表。

准　确　性

大多数情况下,不要期望编辑具有有关出版物主题的专业知识,编辑也不对出版物内容的准确性负责——那是由作者决定的。编辑抽查事实和找寻内在的不一致性是为了评估作者的准确度。在阅读非小说时,你的态度应该是怀疑的,几乎是挑衅般地怀疑——噢,是吗？是那样吗？是谁？不要害怕提幼稚的问题。准确性严重不足的原稿要退还给作者,在编辑谨慎的指导下进行修改;对作者有争议的陈述或者不太合理的主张,应该要求用证据来支持。

编辑要对违反常识的东西保持警觉,如当小说中提到恋人在悉尼看太平洋的日落,从地理的角度来说这是不可能的。[1] 就常识而言,我不是指名人个人习惯的琐事,也不是指在任何晚上的小测验中赢得分数的模糊的公平记录,而是关于地缘政治学、自然界、人类历史、西方和其他文化的广泛理解。实用的常识组合加上语言和排版设计上的专业知识作为编辑的核心工作技能,帮助很多作者走出了困境。

作者可能会犯令人震惊的错误。有这样一个杜撰的故事,一位历史学家写了一本在第一次世界大战期间关于征兵的公民投票作品,书中认为在西线某场战役以后人们对于征兵的态度发生了明显的改变。碰巧一位手头比较空闲的编辑核对了关于这一说法的很重要的战争日期,发现作者大错特错。于是,该书没有得到出版。编辑的怀疑精神挽救了作者的声誉和写作生涯。这个故事给我们的教训是,不可全信作者所说的话。

有时作者陷入忘我之境而夸大其辞。一部关于保护儿童行为的书稿声称"小男孩的身体和小女孩的身体是非常不同的"。事实上,青春期前的儿童相似的地方(头部、躯干、胳臂、腿)多于不同的地方(腰臀部、生殖器)。另一位作者写道:"西方社会的正常社会化为我们在如何竞争中提供了成百上千的正式或非正式的训练机会,但在技能和合作能力方面我们几乎没有类似的训练机会,"这种说法忽略了种种日常的合作行为,如从传盐游戏到团队运动和志愿者活动。编辑要保持批评的能力,不要盲从于作者的

〔1〕 感谢约翰·本桑德提供的案例。

热情。

编辑不是事实的检验员；你除了不对内容的准确性负责外，其他一切都要处处谨慎。即便如此，你要对基本的准确性如目录和互见参照负责，这不是一件小事。

结　构

结构不能在摘要中考虑：结构存在于那些常见的需要考虑的事项之中，如读者的需求、作者的意图、可利用的资源和出版物的类型。《体例手册》第 3 章描述了如何为印刷出版物和电子出版物构建结构。

出版物的结构有几个方面。标准 C 认定为形式、组织安排、核心内容、篇幅（见附录）。但是我更倾向于这样划分：出版物的性质、要素、比例和安排。

出版物的性质

尽管现代社会动画和图像非常流行，但我们还是专心于图书文化，并被其深深吸引。因为图书的开本大小和形状大致相同，我们可能无法了解它们之间的差异。术语“图书”是一个种类，就像家具和乐器一样。我们可以毫不费力地区别桌子和椅子、长笛和五弦琴；同样，书的开本、外观和书名也给了读者某种指示。

为了揭示这些约定俗成的习惯，让我们将有着相似书名而不同用途的 3 本书想象成五弦琴、长笛和鼓。

重建家园：一本实践方法的书，纸皮书（平装书），210 × 280mm，160 页。

重建家园：关于价值和知识的散文，硬皮书（精装书），160 × 235mm，248 页。

重建家园：一本关于四代人的有广泛影响的长篇小说，纸皮书（平装书），135 × 210mm，620 页。

你可以很容易地决定你希望在书中找到下列哪一个结构要素：小标题、

两栏设置、对话参考书目或延伸阅读的书单、图表、照片、下置(块)引文、尾注、案例研究、种类目录、家谱图、地图、词汇表、索引。

编辑的工作是看看读者的期望是否获得满足。不要想当然地对待任何事情:一部名为《后院的山羊》的书稿可能主要是介绍奶酪制作的。为了识别图书所展示的内容,读者可以通过查看书名、版式、推荐广告、目录页,还有书的前言或绪论中作者对写作目的的陈述;编辑则可以使用其他线索,如出版建议、与作者的交谈或前面章节中描述的项目计划。

要　素

一本书除了固体形态之外还包含很多要素。有初始页,在读者接触书的正文之前帮助读者形成对书的期望;有书末资料,对正文起鉴别和补充说明的作用(第7章)。正文包括标题、引文和目录以及正文要素,像插入引用、加框文字、问题、活动、概要和主题词表。插图形式多种多样,在有些类型的书中,插图比正文要优先考虑(第6章)。编辑的工作就是综合运用这些要素,为目标读者有效地展现图书的内容。

比　例

图书应该有美好的外形。根据图书的重要性,按内容的划分给予其空间和强调。涵盖的宽度和深度应该与出版物的目的相匹配。

不能给书的结构强加一个僵硬的、格式化的模式:书的逻辑结构体现在书的内容之外。比如,假设一本自传有一个不平衡的结构,有270页分配给了从作者出生到21岁,50页分配给21岁到82岁。你可能认为,这部手稿是结构编辑的候选材料了。但是要注意:编辑认识到作者已经成功地打破了常规。前文《伯特·费西的幸运生活》(弗里曼特尔艺术中心出版社,1981)描述的结构——不仅是最优秀的自传,而且是彻底的商业成功之作。

安　排

出版物的内容遵循一定的逻辑安排,揭示出读者利用内容的不同方式(表4.1)。目录和索引提供了访问正文的另外的方法,互见参照能够提供不同的阅读方式,解释如下。

书是怎样形成的

从本质上讲，一本书由大约 50 个符号（26 个字母、10 个数字和 12 个以上的标点符号）按水平线方向习惯性地排列而成。当然不是这么简单。表 4.1 显示出图书向读者展示内容的其他途径。作者能以特别方式表示信息，因为她不知道其他选择是什么。拥有这些工具知识的编辑，能帮助作者找到一种适合她目的的选择。比如，旁注因为在生产中费用较高而很少使用，但是对于某种信息它们却正好合适。

表 4.1　书的构成：编辑的工具箱

层级的划分	排列的原则	连接
卷	年代顺序或叙述顺序	标题
部	字母顺序	标志
章	层级	转折
节（有无标题）	主题	预览
分节和进一步分节，等等（有无标题）	演绎：从特殊到一般	摘要
段落	归纳：从一般到特殊	互见参照
编号目录	论点和对立面	页眉和页脚
句子	·理论和实践	正文特征：分类引用、加框文字、旁注等
	·问题和措施	
	·陈述和批判	
	·支持和反对的论据（通常推断出综合体）上述任何组合	

考虑出版物的结构，有助于记住作者关于出版物主题的知识是球形的，而读者的知识是线性的（至少，在印刷出版物中）。划分、排列和连接为读者提供了阅读正文的路径。我们将对这类工具做更详细的分析。

大块的信息

编辑的一部分任务是引导读者防止其消化不良。辩论、信息和叙述需要分成几大块,当然块的大小要依读者对象而定。在一本说明书里或者一个网页上,它是一个标题和几个句子;在一本学术图书里,它是几百字的一个段落。

划分层级不是处理人际关系的最好办法,但用来组织信息不失为一种好方法。一本书的划分是内容相对重要的读者指南——块的性质。比如,如果"章"的划分有意义,那么章节的长度应该大致相等。内容编辑常常促进或者使材料从一个层级降到另一个层级(在第9章中解释)。

记住,读者有时可能会把一本书放在一边几天;他们需要提醒前面已经说过些什么,或者用互见参照做指引。层级的划分应该反映出这一点。如果你有理由相信读者一次能咽下一章,那么就以章为单位来划分。在每一章第一次提到个人或机构时,使用全名[Richard Johnson 而不是 Johnson;Australian Bureau of Statistics(澳大利亚统计局)而不是 ABS],并且可能的话再简要地介绍一下:Richard Johnson,殖民地的第一个牧师。

部分和段落

正文中的停顿,往往占一行或两行空间,标志着比章小而比段落大的一节的结束。正文中的停顿用于代替或者等同于标题。正文停顿之后的第一行顶格(左对齐),有时前几个字母要用小一些的大写字母。排版符号如星号用于表示正文在印刷页的天头或地脚处的停顿。

分段是好的写作的一个重要方面。一个段落可能长达几百个字,但是偶尔由一个句子组成的一段会产生让人欣喜的效果。每个段落通过独立而又前后呼应的中心思想联结起来。通常情况下,这个中心思想概括在主题句中,主题句可以在段落的任何地方,但大多出现在段首(如在这一段中)。有些作者写的段落太长;相反,新闻记者倾向于撰写短小精悍的段落,因为这种段落适用于报纸栏目的狭窄设置,但是这样的设置不适用于书籍页面的阅读。

新的段落由首行缩进或者一行空白标识出来。在图书的推荐广告和小册子里省略新的段落标识是一种趋势,这令人痛惜,因为读者需要这样的信号来理解正文。给手稿做标识时，一定要在正文中断之后标出段落，比如一段下置的引文或者表格，以 f. o. 标明 full out（顶格），或 n. p. 标明 new para（新的段落）。同样，在电子出版物中也要运用合适的方式来标识一次中断。报业将 paragraph（段落）简写成 par（段）。

互见参照

互见参照是组织出版物内容的另一种方式，它们展现了不被采用的路径。记住，作者的知识是球状的。比如，我们来看一本关于东南亚历史的书：如果它以国家为单位来编排，每一个国家一章，互见参照可以让读者在正文中回溯一条按年代排序的线索；但是，如果按年代来编排，互见参照则可以指明地理或政治发展轨迹。互见参照也像表格、插图和附录一样连接正文和条目。

和其他事情一样，互见参照必须适用于目标读者。在大多数情况下，它们是有用的；但是，互见参照太多会分散读者的注意力。记住，读者也会通过目录和索引或者电子出版物的搜索工具来获取正文。有时简单的重复信息是较好的做法。例如，在制度史中，"John Frigby"（见第 3 章）比正式地登记为"John Frigby（导演 1949—1960）"要好，或提供更多信息，写成"John Frigby 是 1950 年代第一主流扩张时期的导演"。

在印刷时，校样插入页码相当繁琐，这样一来互见参照就变得非常费时。对于读者而言，章节的参照不及页码的参照有用，但是要省时一些；如果用章节的数字来互见参照，那么要包括页眉的章节编号。字典型出版物中以词条的名字（标题字）来互见参照。当提及正文中的插图时，互见参照对应适当的数字——图 3、表 1. 12——如此一来插图的序号一定要在排版之前最后定下来。

路标和过渡

彬彬有礼的作者有时会用暂停来提醒读者正文进行到哪里了和将要向哪里继续。标题是提示的方法之一，而路标也可以采用句子或排版设计的形式。

口头上的路标可以是对以前已经发生过的事情的一句话总结，或者是指明前进方向的一个过渡性短语。它们可以是言简意赅的一句话——as already mentioned(前面已经提及);也可以是不着边际的一个短语——discussed below(下面将要讨论):

● 因而这里有三种可能采取的行动,但是它们都会给不同级别的政府带来难题。

● 在我们检查维多利亚法令(the Victorian Act)前,有必要了解其他国家的立法。

● 这些议题将在第8章和第9章中最后讨论。在这里我们将集中……

● 同时,回到 the ranch(牧场)……

学术书籍有时会把路标做得很夸张。古语说:"告诉他们你要告诉他们的,然后告诉他们,然后再告诉他们你刚刚告诉过他们的。"如果某种方式的每一次反复能带给读者新鲜感或者引导读者前进的话,那么这种做法是富有启发意义的,但如果是机械地运用,只会使阅读单调乏味。

插入路标和过渡的编辑必须保证他们的做法符合作者的意见(第5章)。

页眉(顶端)

我偏爱传统的术语"running heads"(页眉)和讨人喜欢的"running feet"(页脚),但是它们正在被微软 Word 里的"headers"(顶端)和"footers"(底端)所代替。无论它们叫什么,在印刷出版物和电子出版物中对读者都是非常有用的。有了它们,才能使读者找到自己在整个出版物中所处的位置并决定自己在出版物中的位置。在电子出版物中,每一页中的重复主题对于那些通过间接的路径访问正文的读者来说是非常有用的。在一本书中,虽然标题很少有用,但你仍可以把它做成页眉。因为只能推定读者可能知道标题是什么;但如果读者偶然忘记了,他就只能去看封面了。

很多读者,特别是文选和文集的读者,他们会先看看一部作品有多长,所以他们能够预言辩论或叙述的大致过程——她在这两页里怎么得出这样的结论?读者可以翻到目录页去查明作品的长度,但是页眉用起来更方便。

小说通常没有页眉,除非每一章都有标题。我的消遣读物包括凯西·莱特(Kathy Lette)的《疯狂母牛》(Mad Cows)(骑马的斗牛士,悉尼,1996),这本书里页眉是书名和作者名。这本书失去了充分利用页眉的机会,因为这本小说用值得思考的标题来划分部和章,如"信任连环杀手的仁慈"。每一章的标题在一本书里只出现两次：目录页和这一章的起始页。如果它们被用作页眉，那么它们就会一直呈现在读者面前，像暗示的评注一样告诉读者他正在读什么。

下面是关于页眉的一些指导方针，你将会以你对读者使用书籍的了解与之相结合。书页的反面在左手页，正面在右手页。

● 页眉不要出现在包含有展示内容的页面上，比如某部的标题或章的开端、空白页、"on a turned"（跨页）或风景页。

● 右页的页眉常常带有章名或者类似的划分，如一个学习单元、随笔或者小故事。

● 左页页眉预设的选择是书名，但是在所有可能的地方都可以用更有用的东西来替换它：如果书被分成几部分，则以部分的名称替换书名，或者用随笔或小故事的撰稿人的名字来替换它。

● 会议记录在左页页眉上标明会议的届次或日期，在右页页眉上标明发言人的名字。

● 在字典类图书中，左页页眉是该页第一个完整条目的名称；右页页眉是该页最后一个条目的名称，不论其是否完整。

● 初始页和书末资料通常在左右两页都是自命名的。如此一来，第 2 页和随后的前言页的页眉就是"前言"，同样，参考书目和索引也是如此。附录上的页眉标有附录 1 等。左页眉，是附录的名称；右页眉，如果需要是缩减的附录名。

● 在某些出版社图书的版式中，尾注与章节或页码以一种形式合并出现在页眉中，如"注释第 00-00 页"。页码一定要插入单页校样中。

编辑有责任准备页眉副本并把它附在设计大纲中，以左页眉和右页眉两栏的形式呈现出来。确定页眉长度的经验法则是 35 个英文字符（包括字母和空格）；如果你正在从事一套丛书或者样书框架的设计工作，你就会知道页眉所占英文字符的确定数字。

表4.2 展示了目录与页眉副本的比较，以及如何压缩章节名使之更为适合。请注意如下几点：

● 部分的数字可能被用作左页眉（部分 1），但是在这种情况下撰稿人的名字应优先。

● "澳大利亚"这个词用在书名中，如果空间有限，可以将它从页眉中删去。

● 如果章节序号用在互见参照特别是尾注中，那么章节序号一定要出现在右页眉中。（设计人员抵制这种做法是因为他们认为数字看起来不美观。）

● 为注释而做的页眉要遵循出版社的一贯风格。

● 排字员或校对员在页码校对时会以页码数替换两个零，编辑在核对校样时应进行检查。

关于校对页眉的建议，见第8章读初校样的内容。

表 4.2 准备页眉副本：澳大利亚文学史

目　　录	页眉副本	
	左边	右边
绪论	绪论 00	绪论 00
第一部分		
1 澳大利亚文学与澳大利亚文化 Bruce Allen	Bruce Allen 00	1 文学与文化 00
2 土著文学 A:口语 Stephen Ankers	Stephen Ankers 00	2 A 土著文学 00
B:书面语 Frances Marks and Jim Comerford	Frances Marks and Jim Comerford 00	2 B 土著文学 00
3 澳大利亚文学历史的形式 Quentin Gardener	Quentin Gardener 00	3 文学历史的形式 00
第二部分		
4 1855 年前澳大利亚的理解力 Gary Frost	Gary Frost 00	4 1855 年前的理解力
5 作者、印刷者、读者:1855 年以前的澳大利亚文学作品 Elena Toritsky	Elena Toritsky 00	5 作者、印刷者、读者 00
6 殖民地的变化：写作和殖民地化的窘境 Richard Morton	Richard Morton 00	6 殖民地的变化 00

续表

目　　录	页眉副本	
	左边	右边
第三部分		
7　新闻业与作者的世界:1855—1915 澳大利亚文学作品 Humphrey Curtis	Humphrey Curtis　00	7　新闻业与作者　00
8　情景剧与情景剧想象 Andrea Stewart	Andrea Stewart　00	8　情景剧与想象　00
9　罗曼史:令人尴尬的主题 Mary Purcell	Mary Purcell　00	9　罗曼史:令人尴尬的主题　00
注释	注释(绪论)　00	注释(绪论—第 1 章)　00
	注释(第 1 章)　00	注释(第 1—2 章)　00
	等等	等等
参考书目	参考书目　00	参考书目　00
索引	索引　00	索引　00

文献评价

文献评价,也称为编辑报告,你要评定文献概念上的完整性,就要判定它是否达到目标,并估量将它变成符合标准的出版物需要做多少编辑工作。在你开始评价之前,正如前面章节所述,你一定要了解出版的目的以及读者或目标市场。

评价是多方面的。一本书稿的基本评价几小时就可以完成,但是要依靠抽样的方法;如果抽样不具有代表性,结论可能会不准确。样本越多,评价的准确性越高。对一本非常杂乱的书稿的详细评价不以抽样为基础,而是建立在对整个作品的通盘考查之上;由于这种工作可能要耗费一个星期的时间去评价一本书稿,所以要详细安排内容编辑的工作任务,并拟定一个项目计划。

接下来的叙述似乎很辛苦,但随着实践的增多你会迅速地指出文献的显著特征。比如,只需要花几分钟时间检查插图就能找出3个关键性的事实——预算太多、在有明显顺序的地方没有按数字排序或安排妥当、没有插图说明范本。

开 始

一大堆文件堆在你的书桌上,你从哪里开始呢?

首先,将文件从相关文献中区分出来——编辑大纲、信件、读者报告、样本设计、作者调查表。仔细看看这些材料会对这一项目有大致了解。比如,弄清楚这是一本来自会议的图书还是作者写了20年的自传非常重要。把所有相关文献放到一个文件夹中,这就是工作档案。

然后确认初始页,把它们区分开来并仔细阅读。列出任何被遗漏的条目,比如致谢或插图目录。将所有初始页放在一旁备用。识别所有其他非正文材料——书中图片、插图说明、尾注、附录。用文件夹、信封或者强力夹把它们编排起来,放在一旁备用。

在电子出版物中,过程不一样但是结果相同。首先,一旦你将磁盘插入驱动器或者打开电子邮件,应该进行病毒扫描。然后将每个文件拷贝到硬盘,退出磁盘并将其存放到安全的地方。这就是你的原始副本,如果遭遇病毒袭击,你就会需要它。在你的硬盘上,打开每个文件查看兼容性和完整性。列出遗漏的项目并为工作档案、正文和其他诸如书中图片和许可证建立文件夹(详见第10章中的“电子文件”)。

正文:概要

由于已将正文单独放在一边,你要准备对它所涉及的范围、涵盖的内容、前后的均衡、连贯性、一致性和准确性形成一个印象。读一点绪论或者第一章的内容来熟悉作者的语气。草草翻阅一下书稿或者在电脑屏幕上从上到下看看文件,考虑前面列出的结构的4个方面:出版物的性质、要素、比例和安排。当你工作时,记下必需完成的编辑任务。

对于纸质书稿,很方便用物质的方法区分章节或者做其他的划分。我用彩色纸张,而你可能更喜爱用马尼拉文件夹、强力夹或者粘贴标签。这种区分从物理上呈现了书稿各部分的比例大小,很容易找到章节标题并比较其内容、措词和风格。在电子出版物中,按章节分成几个独立的文件,你却无法获得比例感;唯一的办法是计算每一个章节的字数或页数,算出它们在整本书中的百分比。

为了整部作品的前后均衡和结构,应该利用目录和标题,或者如第9章所述做标题指南。如果文献遵循与主题内容一致的编排原则,这一点通常是很明显的。

评论文献内容的完整性:它充分覆盖主题了吗?有的时候作者太接近主题以至于她没有全局感。寻找细微的疏忽:一本声称关于澳大利亚的书可能是从一两个国家选取例子;一本讨论最新潮流的书可能以过时的统计数据为基础。也许读者需要某些作者没有提供的信息,比如度量单位转换表、年表、词汇表、地图或地址表。相反,文献的某个部分不恰当或是多余吗?我曾经编过一本《澳大利亚麻醉学史》,这本书以库克船长一段冗长的说明开始——直到书稿的第5章才出现麻醉学。有时需要剪除离题的或辅助性的材料,或者将它们移到附录或相关网页中去。

检查上下文,比如标题、路标、转折语和互见参照,看看叙述或议论是否作为一致的整体结合在一起。标题的层次是否连贯?章节是否结束,或者草草收尾?作者是否提供了互见参照,或者这是你的另一个工作任务?

从精确性上判定作者的才能:她可能会有明显的事实性错误,或者提出过分的主张,或者在日期或名字拼写上粗心大意。对事实和日期的抽查(还包括引文,如果你手头有资料)都能说明作者是否马虎随意。

要考虑到诽谤也可能成为问题。要说明是否使用了版权材料以及是否获得了许可。把所有这些要点加入到你的工作表中。

正文:语言

已经审视了森林,现在来看看树木。到目前为止,你一直在做跳读和略读,是时候做精读了。评价作品的写作质量:检查赘言、重复、语法错误、臃肿的结构、不适当的标点、混淆的术语和拙劣的用词。检查语言的水平和语序是否适合目标读者。对需要多少语言编辑工作有一个认识(第9章)。

相对于大部分工作来说,做样本编辑是最好的。选择有代表的 20 到 50 个连续的页码;无论是拿铅笔在纸上编辑还是对着电脑屏幕处理文件,在开始编辑时记下时间。这种练习不要选择第一章或者最后一章来做,因为它们在风格上常常和正文的主体部分大不一样。第 3 章就比较好——写到第 3 章的时候作者通常进展比较顺利。完成时也记下时间,然后计算出每小时编辑多少页。从这个数字你可以大致计算出整个作品的语言编辑工作需要多长时间。

非正文资料

现在你已经评价完正文,要转向你放在一边的那些小块的零散资料——初始页、图片、参考文献、附录等。检查它们的质量、相关性、完整性,最重要的是,出版目的的适用性。评定参考文献,并通过比较正文的引文或者参考文献尾注来抽查其一致性。彻底审查注释和参考书目,看看它们是否符合出版社的风格。以插图为例,你必须考虑原物是否能被复制成期望的质量,还要评定插图的编号、版权状况和插图说明。你的工作任务表会变得相当长。

出版物外观

作者利用了哪种技术来制作文件?找出软件的典型错误(第 10 章)。文件版式适用于所提议的生产制作方法吗?或者需要通过键盘式排字机排字或再画插图吗?判定是否需要很多标记、设计或者整体改动——标题在体例上是否一致,作者应用的格式一定要改变吗?

最后检查整个作品,确保你知道它本身由哪些内容组成和它应该由哪些内容组成。你已经对遗漏的任何资料和需要的编辑工作制作了表格。一旦决定需要做哪些工作,你就能着手商议职责、预算和日程表了(第 3 章)。

多作者作品

论文集和诗集等选集往往可能有一打或者更多的撰稿者,这样一来评价作品的难度就增加了。如果幸运的话,丛书编辑可能做了一些准备工作来统一标准和使各篇作品一致,但是也可能没有做。做肯定评价的唯一办法是对每一篇进行抽样。如果你赶时间，一定不能这样做，你不得不去冒险：抽取其中几篇，略读剩下的，用经验法则来判断——10篇文章中，2篇非常好，6篇过得去，还有2篇需要加工。

电子出版物的结构

电子出版物有两种类型：一种是读者会下载和印刷的，一种是读者在电脑屏幕上阅读的。前者包括学习资料、研究报告、背景材料等；正常的印刷习惯适用于它们的结构，如上所述。随后的简短说明是为了在屏幕上阅读的出版物，如网页、DVD和CD-ROMs。在准备电子出版的过程中，编辑必须和设计人员以及技术人员紧密合作。这一讨论集中在编辑的角色上，由于技术的进步而不讨论技术细节。更多信息详见《体例手册》第24章。[1]

在很多方面，电子出版物的编辑要求与印刷出版物大同小异。通常，编辑设想目标读者的要求并试图满足他们的需要。编辑工作和图表设计的基本标准经从几个世纪的出版工作中精炼出来，因为它们在出版工作中一直发挥作用因此得以传承下来。比如正文，在简洁明了的浅色背景上通常以黑色或深色的字体出现。这不是因为印刷设计者不具有冒险精神，而是因为读者认为这种形式最容易理解。

电子出版物有两个重要特征是印刷出版物缺少的：动态性和交互性。电子出版物的内容和结构一定会以与读者的持续关系为前提，提供反馈、更新和不断改进。

有很多关于网页设计的图书，但大多数只有寥寥几页讲正文的构成，几乎不谈编辑角色。阅读电子出版物难于阅读印刷出版物。读者很少逐字阅读，相反他们浏览页面，寻找感兴趣的东西。这要求电子出版物要包含大量的路标或界标，要点要突出，词语要令人信服。不是所有的文献都

〔1〕 此部分引自帕特里克·J. 林奇和莎拉·霍顿的“网站风格指南”（耶鲁高级媒介指导中心，2002），www. webstylegulde. com，该指南对有效的组织原则进行示例并解释；还引用了维多利亚·理查森，“数字灵感：电子文件的编辑技术”，论文提交于2003年7月布里斯班召开的CASE全国会议上。

适用于电子出版物这种形式，议论文和叙述文与散文一样更适宜于印刷出版。

电子出版物需要定义和计划，如第3章所述。在决定了信息适合于以电子出版物的方式出版之后，你怎样把它们组合在一起呢？

创建结构

首先，收集全部内容——正文、图表和辅助项目。如果你正在将现有的印刷材料转换成电子版，你需要封面、初始页和书末资料。评价和分析内容，通过将不同的部分存储进各自的文档中来构建出版物的结构。这被认为是出版物的建筑风格。

接下来，要设计出读者如何存取出版物。如果它已经以印刷出版物的形式存在，目录和索引可以提供线索。尽管如此，为电子出版物设计不同的结构可能更好，来提供互动功能和利用动画、视频和声音这类特性。连续的一行行表明读者需要经过多少层级才能找到特定的页面，因此建议电子出版物的结构可以用表格的形式表现出来。由具有代表性的读者来测试电子出版物的结构，既识别概念上的缺点和遗漏，也确保其技术功能上的正常运行。

和印刷出版物一样，适用于电子出版物的低层级划分见表4.1。印刷出版物的一些编排原则在电子出版物中同样适用：按年代顺序、按字母顺序、分层级或主题。除此之外，电子出版物可以像网页一样来设计结构——一组独立的页面设计成可以随机存取或按特定顺序访问。

前文关于大块信息的评论也适用于电子出版物。保持文字的简明扼要。考虑是否要改变信息的表现方式，比如从正文到目录或者表格（第9章中的“改变表现方式”）。如果出版物太过冗长，把它分成合乎逻辑的几个部分以便读者可以下载他想要的部分，而不是打印或者保存整个出版物。在线下载大量的多媒体文件很慢，通过CD（光盘）传送可能更好。

容易使用是电子出版物设计的本质。歧视残疾人是不合法的。澳大利亚政府已采用万维网联盟或者W3C使用指南，从事电子出版物出版的编辑应熟悉它们。[1]

---

〔1〕 www.w3.org。

导 航

已经确定访问的要点之后，你的下一个任务是引导读者去访问。电子出版物的导航工具相当于印刷出版物的页眉和页脚、页码和互见参照。综观电子出版物，它们或以图表或以文字为基础，使读者能直奔他所需要的信息。始终如一的和可预测的导航工具给出版物一种结构感，并使之更具有逻辑性和在视觉上更具有秩序性。

屏幕页面的重要特性是它们的相互独立。正在查看页面的读者需要知道这一页与整个出版物或站点的关系。如果读者在线访问，他可能想知道他究竟在访问什么。他至少需要知道：

- Who（谁）：以创建者、出版商和赞助机构来命名。
- What（什么）：将该页内容压缩成能揭示内容的标题。
- When（何时）：给出原著的时间；更新或修订的资料要有日期和版本编号。
- Where（哪儿）：通过提供出版物和出版商主页链接、地理位置和来源国家，使得读者能在电脑空间中确定方向。

页面标题的措辞需要一定的思想。标题会在书签文件和收藏夹中出现；它会让读者想起他找到的有趣内容吗？标题也是搜索引擎的主要访问点，所以好的标题会增加点击率。要力求用精炼的词语来陈述内容的精华。

读者应该总是能轻易返回出版物的主要导航点，链接应该在外观上和在每一页的位置上是一致的。如同描述性的标题和主页按钮一样，每一页都要列出目录和层级划分的主要标题。

内 容

为了利用像拼写检查那样的校对工具，内容通常要在一个文字处理程序里处理好。如上面解释的那样，写作风格应该简洁。在读者能够理解的范围内精简和压缩信息。以要点和结论作引导，如同报纸文章一样。不拘一格的使用标题和目录来吸引读者眼球，打破正文的僵化。

为网络读者写作时，要面面俱到。不要使用只有你所在地理位置和文化氛围能懂的内部笑话或者暗示，避免使用或解释当地语言。在任何出版物中，避免诽谤和进攻性的言论，并遵守版权法（第2章）。

电子出版物的潜能是让人目眩的，但是通行的准则是保持简单。铃和哨子都用上可能会产生相反的结果。最好是充分利用数量有限的排版特征，避免分散注意力的设计元素——闪烁的文字、图片背景和过度的色彩。每一种元素的混和都要以信息的特性和读者的需要来判定。电子出版物插图的注意事项在第6章“电子图片”中讨论。

当内容得到认可后，在转换成供屏幕阅读的文件形式如HTML，XML或者PDF以前一定要反复校对和改正。在准备转换副本的过程中，你要懂得将要使用的文件类型的技术要求。文字处理程序的风格和特性可能转换得不好。咨询设计人员或者参照合适文件类型的最新指南。

链　接

超级链接使得读者能把两个分开但相关的信息并列起来。这似乎很有吸引力，但是你一定要问一下这种并列是否有助于读者理解内容。过度的或者不当的链接会分散注意力并让人生厌。

链接相当于印刷出版物的互见参照和脚注，它们不应该引起对它们自己的注意。如“关于避免断开链接的更多信息点击这里”的句子效果是为了提升内容功能，会转移读者的注意力和邀请他到别处去。以“设定有效的维护系统避免断开链接这一难题”来表达会更好。较小的链接、插入语和脚注可以在页面的底部或者一个部分的结尾分组归类。

当然，如果出版物可信度高，链接一定是实用的、相关的、更新及时的。电脑空间里信息变化迅速，因此项目计划一定要包含定期维护。在建设期间和在出版以后必须经常测试链接。

单一资源出版

通常来讲，出版物总是先准备出版印刷型，然后转换成电子出版物。一种不同的方法是准备能够以几种版本出版的单一数字文档：如一本书、一个网页、一套由单个小册子组成的关于特定主题的完整印刷版或者内容适合本地需要的多媒体版本。这种方法适合不同版本且内容交叉比较多的项目，信息可以得到经常修正或及时更新。

单一资源出版消除重复，因此减少了潜在的错误：在资料文件中修正和更新仅一次完成。资源文件的电子标签设定了最终产品中正文和图表的位置编码,因此,印刷出版物的一页参考文献在电子出版物中就是一个超级链接。这里不作详细讨论。Catherine Gray 和 Alison White 的优秀作品《一的力量》中的两个案例研究显示了这一过程的潜力。[1] 比如,《悉尼水环境》的一系列报告以三种版本形式出现:一个附有 CD 的简短的印刷版本、一个长的印刷版本附 PDF 拷贝一份以及一个 CD 和网页的 HTML 版。

单一资源出版在策划阶段就需要注意细节以及编辑与设计人员从始至终的紧密合作。一定要想清楚内容和结构的内在关系。在准备内容的过程中,编辑一定要谨记不同版式的阅读风格,以适合的语言和划分来与之相配。编辑和设计人员需要了解印刷出版物和电子出版物版式的技术要求,并在他们的格式和标签使用时得到训练。

编辑和设计人员常常是互不认识的自由职业者。希望承担单一资源出版项目的出版商需要引导这些并存的自由职业者组成有创造性的团队。单一资源出版需要对软件有深刻认识的编辑,而这将是一个令人兴奋的工作领域。

---

〔1〕 个人通信,论文的早期译本,“原文的重新规划:为他媒体变种”,论文提交于 2003 年 7 月布里斯班召开的 CASE 全国会议上。

5 语 言

语言创造并控制着这个世界：命名的作用就是给存在的物体一个概念，使混乱的物体有序化。现代英语是一项惊人的创造，是人类历经千百年合作努力的结果，是灵活多变的、微妙的、并且成熟的交流工具。

英语具有非常精确的描述能力，这是因为英语的同义词非常丰富。它在以下两个方面也非常灵活：第一，英语依靠词序而不是词形变化——an upset win（一次倾覆性的胜利）就是 a set-up win（一次结构性的胜利）的反义词，而 good-looking（漂亮的）和 looking good（看起来漂亮）之间的差异约 20 年。第二，单词词性在很大程度上是可以转换的——比如，out（外面）这个词可以是副词，可以是介词，也可以是名词或者是动词。英语也十分简洁，就像教科书出版商已经发现的那样，当试图将翻译内容放在一个紧凑的页面网格中时很费力。

所有现存的语言都面临着发展和衰退的机遇和挑战。语言的变化是因为活泼快乐和希望给别人留下印象是人们的普遍特性，语言需要发展，以应对技术的革新、文化的交流以及社会的进步。与这些新事物对语言所造成的冲击相抗衡的是语言的稳定性：语言习惯、被误解的担心、写作时的固定印象。

第 9 章会给出一些语言编辑的例子，这里让我们先看看一些原则。

清楚并且准确

准确地把握英语语言是编辑的核心技能之一,与此同时,广泛的知识和对印刷设计的了解也是必要的。编辑要对词汇有一种天然的才能,这种能力通过学习和观察来不断提高。虽然他们对语言充满热情,但他们并不固执己见。他们认识到"一个人的失礼会造成另一个人的错误"。[1]

作为语文学者的编辑

熟悉英语发展的历史将会提高你对英语的掌握。语言学家使用术语"现代英语"来描述产生了1 500年的这种语言形式。现存的"现代英语"是一个非常丰富并且复杂的结构。如果我们把它想象成一座房子,那么房子的地基是日尔曼语、古英语和古挪威语;底层是古英语混合诺曼底法语;上面一层是拉丁语和希腊语,以及现代法语最突出的部分;而顶楼就是4个世纪帝国的拾遗。关于这些层次的知识可以让你完全了解相关词汇之间的细微差别,如表5.1所示。

表5.1 三个一组进行比较

古 英 语	法 语	拉 丁 语
kingly(君主的)	royal(王室的)	regal(帝王的)
left(左派的)	gauche(无礼的)	sinister(险恶的)
settled(固定的)	sure(稳当的)	secure(可靠的)
share(份额)	portion(一部分)	part(局部)
size(尺寸)	caliber(口径)	magnitude(大小)
stead(用处)	place(位置)	location(场所)

〔1〕 保罗·布莱恩,"英语常见错误",华盛顿州立大学,www. wsu. edu:8080/ ~ brains/errors/index. html/。

续表

古英语	法语	拉丁语
weak(虚弱的)	frail(脆弱的)	fragile(脆的)
wet(动词)(弄湿)	moisten(弄湿)	irrigate(使潮湿)
womanly(像女人的)	female(女性的)	feminine(妇女的)

在顶楼中仔细搜寻,我们会发现更多可以利用的词汇:

● settle,settee(古英语),couch(古法语),divan(波斯语),sofa(阿拉伯语经过法语变形)

● destiny(法语),fate(拉丁语),kismet(阿拉伯语),karma(梵语)

● mad(古英语),crazy(古挪威语),frenzied(拉丁语经过古法语变形),berserk(冰岛语),amok(马来语)。

但是有少量的语源却是危险的:它鼓励人们对自己所知道的几个例子固执己见。的确,to decimate 最初意味着"每 10 人中杀死 1 人",你会认为它与 decimal(以 10 为基础)有明显联系将保留其含义,但是事实并非如此,在《麦夸里大字典》(Macquarie Dictionary)中的第一条释义就是"毁坏大量的或大部分的"。

面对这样的语言变形,编辑必须懂得如何得体地放弃。当然试图保留一些有意义的差别是值得的,像 uninterested,disinterested,reluctant 和 reticent(均表示不愿意、不感兴趣)。但是,在这些试图保护的行为中,大多数注定是要失败的,因为语言在不断发展。反对像 dilapidated armchair 这样的短语的存在是愚蠢的,因为事实上这个形容词的意思是"石头在下落"。没有人坚持 quarantine(检疫期)就应该持续 40 天,或者 salary(薪水)就是用来买盐的津贴,或者只是教主可以 pontificate(享用)的。

语源学方面有很多有趣的书,可以在书店里字典类图书的附近查找,或者在图书馆中杜威分类法 420s 下查找。

词　　汇

编辑要有能力掌握大量的词汇,或者在脑海中储藏和使用古英语术语。掌握丰富的同义词(和句法规则)可以使你用不同的方式,通过或多或少的形式,或以或高或低的感知水平来改写文章。

大量的词汇是很容易获得的：无论什么时候，当你遇到无法确定的单词时，都可以使用字典；当你工作的时候，可以随身携带一本大小适宜的字典，这样非常方便，可以查询任何一个无法确定其准确含义的词。你会发现一些熟悉的单词还有你完全不知道的含义。

你的词汇量不仅要丰富，而且必须不断更新。要注意那些新出现的词汇和时尚词汇，因为它们更新得非常快——the information superhighway（信息高速公路），the new economy（新经济）和 the new world order（世界新秩序）都出现在 1990 年代，但现在它们完全过时了。语言中唯一恒久不变的就是变化。作为全球语言的英语词汇的成型，不仅依靠新技术和社会发展，而且依靠商业的起落和政治的更迭。词汇，就像 T. S. Eliot 所说的那样，“slip（滑倒），slide（滑动），perish（毁灭）因为表达不够精确而衰退，将不会保留原有的含义”[1]。在 18 世纪晚期，本 · 弗兰克林（Ben Franklin）强烈反对将名词 notice（通知）和 advocate（提倡者）当作动词使用，他的担心现在看来似乎有些奇特。不久以前，stress（压力，重音）还是一个在工程领域和语言学领域使用的技术术语，cheesy（干酪的）和 flaky（薄片的，酥的）还是油酥糕点的果酱，而 churning（搅乳）是产生黄油的目的性动作。patch（补丁）曾经是你缝在衣服上的东西，而现在你既可以把它粘在皮肤上，也可以把它从网络上下载下来。语言的变迁对于编辑来说是很难对付的，但是没有任何一个人或者任何一个组织能够净化全球各地的方言。一种语言如果没有发展就等于慢慢消亡。

寻找语言中的一些漏洞是很快乐的消遣，它可以让你使用现时语言的意识更加敏锐。下面就是一些需要寻找的词汇。

- Oxymorons（矛盾修饰法）：一共有 3 种类别：经典型（military intelligence 军事智能，business ethics 商业伦理）、古怪型（pocket maxi 大口袋，mini jumbo 袖珍型巨兽）以及难以置信型（Pacific War 太平洋战争，reality television 广播电视）。
- Retronyms（造词法）：这些是由于词义的转换的而导致含义被限制了的纯粹术语：free-to-air television（无线电视）和 fixed phone（固定电话）就是明显的例子。技术是造词法肥沃的源泉，比如一个已经不怎么使用的术语 outdoor agriculture（户外农业），但是社会的变化也为新造的词语贡献出

〔1〕“本特 · 诺顿”，四部四重奏（法伯和法伯，伦敦，1959）第 19 页。

它们的一份力量,像 birth mother(孕妇)和 tough love(坚韧的爱)。

● Compressed concept(概念压缩法):一些音节并不多的词却可以包含非常详尽的含义,这样的例子如"提供资金改善地方建设的政府拨款、政府议案或方针是为了讨好立法者和选民",以及"唯一的解决方法是被问题所处的内在环境所否定,这是一个很成问题的状况"。这些意思可以用简单的两个词语来表达,它们是:pork barrel(政府为讨好支持者而给予的政治分肥、国库拨款如拨给地方建设经费等)和 catch-22(无可奈何的矛盾状态,无法摆脱的困境)。

澳大利亚的编辑应该知道美式英语和英式英语的词汇与澳大利亚英语的词汇用法是不同的,而新西兰的编辑必须更慎重地在澳大利亚英语和新西兰本土语言之间作出选择。根据你在世界上所处的位置不同,句子"I'm mad about my flat"就可以被翻译成"I love my unit(我爱我的集体)"或者"I'm angry about my punctune(我很生气我的轮胎破了)"。澳大利亚英语在美式英语和英式英语之间进行了折衷选择,更喜欢 kerosene(美语煤油)而不喜欢 paraffin(英语石蜡),但是选择 petrol(英语汽油)多于 gasoline(美语汽油)。[1] 注意《牛津体例指导》中所说的大西洋这边翻译的危险,特别是这样一些词语的使用,如 knickers(短裤,灯笼裤),bun(小圆面包,卷头发),fanny(臀部),faggot(束薪)以及 rubber(橡皮)。

外国读者可能无法理解很多澳大利亚常用词汇,如 ute(犹太人),arvo(下午),possie(职位),bingle(安打,棒球术语),bastardry(恶行,暴行),甚至 corroboree(支持声明)。通常,编辑应该掌握充足的语言知识,来思考选择的范围并决定选择最适合读者阅读的词语。

行话和语言的狭隘性

对一些专业词汇的不恰当使用和语言的狭隘性是作者想象力失败的结果。她没有把读者的需要放在心里。

虽然法律仍然显示受诺曼底法语的影响(malfeasance 不法行为,tort 民事侵权行为),但是科学和医学的行话大部分是拉丁文(anterior cruciate ligament前面的十字型的韧带)。经济学作为一门学科出现在 20 世纪,它的

[1] 大卫 · 克里斯特,剑桥英语语言百科全书,第 2 版,第 20 章,区域英语检查

术语大都是由普通词汇组成，但并不难以理解(supply-side shock, long strangle)。议论颇多的信息技术中大量使用首字母缩写，而且常常伴有一些数字在其中：ISP(网络服务提供者)，GUI(图形用户界面)，B2B(企业对企业，也称为商家对商家或商业机构对商业机构的电子商务)，text messaging(正文消息)也促进了这种趋势的发展(C U L8R)。

园丁对杂草的定义是一棵植物长在错误的地方，行话则是专业词汇用在错误的地方。作为非专业人士，编辑处在识别行话的有利位置。行话会突然出现在一些不可能出现的地方——比如你可能会在小说中找到 text messages(正文消息)。无论何时你遇到行话时，宁愿多解释而犯错误也不要太少的解释。因为额外的信息可以使更广泛的读者获得材料，而专家们可以跳过这些他们不需要的解释。当必须使用技术术语时，最好考虑读者是否需要一个词汇表。

在编辑专业作品时，你可能会觉得自己像是一个人在偷听两个同事之间的谈话。比如，关于审计和理疗方面的图书，只有审计员、理疗师，还有编辑会阅读。一本以专家为读者对象的出版物必须使用恰当的词汇，但是不要欺骗和假定"其他专家会懂得"，尽你所能写清楚些。有一个编辑专业材料的方法，就是在阅读时根据语法而不是感觉，这个方法在第 9 章"语言编辑"中描述。

许多普通词汇已经被技术词汇或其他专业词汇所采用——in the spotlight 聚光灯(戏院)，feedback 反馈(电学)，segue 继续(音乐)，punter 博彩(赛马)。专业词汇在翻译当中常常会被误解。一些精确的医学术语，像 allergic(过敏的)和 trauma(外伤)都在日常使用中被模糊了。数学术语 parameter(参数)的意思是一个变量，但是很多作者将它与 perimeter(周长)混淆了，perimeter(周长)的意思是"一个圆周或者边界线"；这场争论很可能将不复存在。科技术语的使用是一个持续的过程，编辑需要做的就是保持警觉并且决定在什么样的情况下什么样的单词最能被读者所理解。比如，一个语法术语 gender(性)，现在也是一个主流词，和常用的同义词 sex(性)一样，用来暗示目前还没有实际行动。

范围狭窄的内容会使图书的销售遭受损失。如果文中的讨论、例子、统计数字、插图等还不能够完全覆盖目标市场——比如，忽略年轻读者或者塔斯马尼亚州——发生这种情况时，立刻咨询出版商。原稿可能需要进行内容修订。

一旦察觉到图书的狭隘性,你必须站在读者的角度,看看他们需要什么样的信息。比如,一些郊区和小城镇的名称可能需要进一步解释(地理学的、人口统计学的、经济学的)以满足洲际和海外读者的需要。一些范围狭窄的作品常常存在普遍错误,作品中的术语必须加以限制:你可能不得不把 throughout the world(遍及世界)改成 throughout the Western world(遍及西方世界),或者把 the north coast(北海岸)改成 the north coast of New South Wales(新南威尔士北海岸),the post-war boom(战后繁荣)改成 the boom that followed World War Ⅱ(第二次世界大战之后的繁荣)。在澳大利亚的文章中,当提到 government(政府)时,说明是 state(州)还是 federal(联邦)是很有用的。

语言的狭隘性可能是时间上的,也可能是空间上的。recent(近期)这个词可以是任何时期,可以代表一天,也可以代表 10 年,除非在文章中说清楚。如果你在讨论一个短期趋势或者一个并不重要的事件时援引 the end of the millennium(千年之末)或者 the beginning of the century(世纪之初)这样的词,就显得不切实际了。

英语法则很好

几个世纪以来,我们一直听说英语将要消亡,但英语至今仍生命力极强。当然在我们身边有很多糟糕的作品,但是那都将成为过去。时间有去粗取精的作用,我们可以比较现在的"谷壳"和过去那些精选出来的"细粮"。比如,19 世纪,被潮水冲刷淹没的是那些平庸的小说、争论不休的政治小册子、乏味的报纸新闻文章和呆板的官方报道,就像我们今天的一样。它们当中的许多都以进入垃圾箱作为收场。这种过程对于书面语言来说类似于生物进化的作用。糟糕的作品都会自我毁灭:它们难于理解,它们不值得纪念,没有人愿意去读它们。而好的作品是财富,并且经得起时间的考验。

编辑从心底里知道好的写作准则,就像是语法书和《体例手册》第 2 部分所展示的那样。它们包括名词和动词的一致性,时态的一致性,代词伴随着先行词，等等。如果英语是你的母语，那你会在上学之前就学习了语法的基本规则。[1]

作为一名编辑，当你修改语法错误或者用法不当时，你必须能够用正确的术语解释你为什么这样做。看一些关于用法和语法的参考书目可以帮助你精练知识。好的写作法则是你做编辑工作的基础，你可以将这些法则应用于有关作品的含义和读者的需要中。要坚持的第一原则是：写作的目的是为了交流，而编辑的目的是通过去除那些使人分散注意力的部分来促进交流。

要了解并遵守规则，但是永远别忘记它们有时候也会起坏作用。规则是为糟糕的作者设定的：好的作者可以超越规则。例如，记叙可以从一个无动词的句子中获益，或通过时态的突然变化来改变语态。作者严格遵守规则是正确的，但是结果却是她有可能变成固执和拘泥于细节的人。虽然编辑通常情况下并不违反规则，但是当作者违反规则时，编辑要能辨认出来她在违反规则。我们在最后一章中可以看到，贝特·凡赛（Bert Facey）打破了有关平衡和比例的规则，而且因为 A Fortunate Life（幸运一生）的结构，遵循了它的写作目的，作者创造出了一部自己满意的作品。语法规则可能会在对话中被忽视，也可能为了保留作者特别的表达方式而违反语法规则。

迂腐：编辑就像语法警察

有两条途径通向好的使用方法：一种是规范性的，说明应该怎样使用语言；另一种是叙述性的，说明人们在实际中怎样使用语言。编辑趋向于规范性的使用。不动脑筋地运用语法规则比将语法规则用于每一个句子、作品内容和上下文要容易得多。不要成为一个学究式的人物。不要炫耀你的词汇有多么丰富，也不要炫耀你在语法方面有多少过人之处，要用你拥有的这些知识去为作者和读者服务。

英语中的一些规则模棱两可。作为一个流利的英语演讲者，如果你对阅读中的一些知识点有所怀疑，那它就可能是一些弄不清楚的难点。当你翻看一些关于语法规则的参考书时，你会发现有多少个专家就有多少种观点。在这些情况下，该由你来负责练习编辑的判断力了。

---

〔1〕 大卫·克里斯特，剑桥英语语言百科全书，第2版，第20章，区域英语检查，第438页。

有一个争论惯用法的例子，就是单词 whom（谁）的用法。一个世纪之前，这个单词就被贴上了不再使用的标签，但是它现在才逐渐被废弃。当大部分英语使用者拿定主意的时候，一些勇敢的编辑却不能停止这种倾向。现在，关于 whom（谁）的使用似乎是这样的：

- 在正式文章中正确使用。
- 在非正式的文章中可以有选择地使用；可能听起来有些呆板。
- 在表现当代非正式演讲的作品中不正确地在使用。

当用到 whom 这个词的时候，要正确地使用。如果你不理解下面这个句子为什么错了，你就需要重新学习有关主语、关系从句和插入语的语法知识了：The police caught the man whom they said was driving the car.（警察抓住了他们说的那个驾车人。）

另外一个关于习惯用法的例子是单词 only（唯一的，只有）的位置。严格的语法规则是把它放在其修饰的词的旁边，但是在有些文章里把它们分开了也是正确的。句子"They came only for the dancing"（他们来仅仅是为了跳舞）就比句子"They only came for the dancing"（他们只是为了跳舞而来）显得笨拙得多。

编辑具有正确使用语法的知识，也有恰当使用语法的判断力。虚拟语气和动名词的正确使用可以在文章中成为亮点，但是在有些非常精练的写法中，却出现了荒谬的错误，就像是把水晶放在了烧烤炉上。编辑不仅要知道语法规则，而且要知道什么时候果断地打破常规。

作者优先

观察一下作者是否具有始终如一的优先权。一个写关于大众主题文章的作者，总是使用拉丁语中的复数形式，如 fora（forum 的复数；论坛，法庭），formulae（formula 的复数；公式，规则），appendices（appendix 的复数；附录，附属品），这可能是作者热衷于使用它们——或者更确切地说，是热衷于炫耀自己在不规则复数方面的知识。你可能认为这非常迂腐。例如 forum（论坛，法庭）这个词，从 1460 年开始在语言中使用，一直到现在才被吸收到英语中。[1] 但是，你必须给作者一个有说服力的理由。永远不

[1] 《简易牛津英语字典》中给出了每个条目首次使用的日期。

要为了适合自己的喜好不经咨询就改变一贯的用法，除非是非常明显的错误。（并且你应该知道在一些学科如数学和生物学中更喜欢使用拉丁语的复数形式。）

例如，假设你不能确定一些以 s 结尾的名词的所有格形式。你该写成 Evans'还是 Evans's，Jesus'还是 Jesus's？你应该查阅几本体例手册和语法书，只是为了找到它们的意见不同，它们的规则不仅复杂而且还有很多例外情况。让我们进一步假设你正在编辑一本罗伯特·曼勒斯（Robert Menzies）的传记，需要在这个知识点上有确定的答案。作者在全书中始终如一地使用了 Menzies'这种形式，而不是 Menzies's，哪一个是错误的——直到你从专家的建议中得到确切的答案。你会修改吗？

答案是否定的。这种修改将会违反以下两种编辑规则：

● 不要为了自己而修改作品：在每一个例子 Menzies'的后面加上 s 是一件很繁琐的工作。这并不能帮助读者从本质上理解文章；最终，这不能提高书籍的销量。如果你是在纸质稿上做编辑工作，那么根本不要这么想。如果是在电脑上，作整体的改动既快又彻底，但是这仍然是一项不必要的任务，而且会产生新的错误。

● 不要与作者为敌：如果文章中的用法是一致的，那很可能是作者思考后作出的决定。干预只会使得作者的写作体系前后不一致，而这并不是作者自愿选择的。如果你做了修改，特别是没有经过作者同意时，那么作者就会被惹怒。在这种情况下，作者会觉得自己成了傀儡，并且会拒绝所有的编辑建议。

如果作者已经选择了一个罕见的用法或者生疏的拼写，只要是始终如一地使用，读者将会很快接受。如果是在可以容忍的范围之内，就随它去吧。

常见错误

写作中的错误比较常见，因此改正它们就成了编辑的日常事务。下面就是一些让编辑手痒的错误。

多余的单词

最常见的错误就是使用多余的词。小威廉·斯德拉克(William Struck Jr)在Elements of Style(《风格元素》)中有一个著名的论断,"一句话里应该没有多余的单词,一篇文章里应该没有多余的句子,就像一幅图画里应该没有多余的线条,和机器里没有多余的零件一样。"[1]

我们来看看一些特别的介词,像head up(加盖子于),beat up on(打,吹打),outside of(在……的外面),以及watch on(观察),或甚至是watch on at(在...观察);以及一些多余的名词,像weather conditions(天气情况),bushfire situation(森林大火的火势),development process(发展的过程)。冗词(同一件事情说两遍的短语)随处可见:close proximity(亲密地接近),significant landmark(显著的里程碑),two-way dialogue(双向对话),vital lifeline(生死攸关的救命索),surrogate mother-figure(代理妈妈身份),important milestone(重要的里程碑),personal body language(个人的身体语言),以及极为冗长的pre-prepared(之前的准备)。如果你曾经因此而感到困扰,试想一下这些词语的反义词:比如distant proximity(疏远的亲近),或者an insignificant landmark(一个并不重要的里程碑)。每个词都必须要有意义。

表达无力的动词

作者常常不能发挥简单的、主动动词的作用。下面是一些策略:

● 选择简单动词而不是动词短语:把made a decision(做决定)变成decided(决定),把gave a stimulus to(给……刺激)变成stimulated(刺激),把played an influential role in(发挥影响作用)变成influenced(影响)。

● 选择主动语态而不是被动语态:the trust deed may be varied by the trustee(委托契约可以由托管人变更)变成the trustee may vary the trust deed(托管人可以变更委托契约)。被动语态能隐藏代理机构:像句子the gatepost has been damaged(门柱被损坏了)和the policy was approved(政策被接受了),使读者对谁该为这些事情负责感到疑惑。

● 一长串的名词会减弱表达的力度,读者无法判断各个名词之间的关

〔1〕 第2版,第17页。

系，直到最后找到主要名词。可以通过添加动词和介词来改述：比如，a service delivery improvement program（一个递送服务改进项目）可以改成 a program to improve the delivery of service（一个改进递送服务的项目），the Reserve Bank interest rate cut proposal（储备银行降低利率提议）改为 the Reserve Bank's proposal to cut interest rates（储备银行提议降低利率）。

● 拆开形容词性质的动名词，并尽可能将其简单化：将 engage in risk-taking behaviors（参加冒险活动）改为 take risks（冒险）和将 during the decision-making process（在做决定的过程中）改为 while deciding（做决定时）。

● 避免使用含糊不清的动词，像 involve（包括），get（获得），address（从事）。

抽象词语

当我编辑一本关于文学批评的手稿时，遇到了这样一个句子"This is more imagistic than narratological"（比起叙事学，这更像是意向上的），我把它理解为"This is more like a picture than a story"（这更像是一幅画而不是一个故事）。如果我准备犯一个我告诫别人不要犯的错误，我就把它视为抽象化——一个压抑思维的写作习惯的丑陋名字。词群中的词干更像是词语中的成分，而不是减弱了后缀的派生词。也就是说，遇到使用 specificity（特征）这个词的时候，试着使用 specific（特殊的），specify（指定），甚至是 species（种类）来改写这个句子。当作者表示 the leaders（领导）的意思时，应阻止他们使用 leadership（领导层）；当他们表示 methods（方法）时，应阻止使用 methodology（方法论）；当他们表示 profit（利益）的时候，应阻止使用 profitability（收益率）。

修 饰 语

写作时过多的修饰会使文章的表达不干脆并且含糊不清。过多地使用修饰词——very（非常，很），rather（有点，相当），quite（十分），somewhat（稍微，有点），really（真正地），a bit（有一些）——常常是词汇贫乏的标志。没有经验的作者使用 very tired（很疲惫），而不去考虑使用这些词：weary（疲倦的，厌倦的），exhausted（疲惫的）或者 drowsy（昏昏欲睡的）。大部分情况下，修饰短语都可以用更精确的词语来代替，或者干脆删除那些修饰词。

含糊不清

不要容忍那些含糊不清或者令人误解的词汇。例如，the environment（环境）这个词可以表示 the prevailing business conditions（当前的社会状况），也可以表示 the world of nature（自然世界）；在短语 Victorian legislation（维多利亚女王立法）中，形容词 Victorian 可以指历史时代，也可以指澳大利亚司法权。除非文章中表达得很清楚、详尽，否则更换这样的术语。

不完全比较

为了减弱那些看起来相反的判断，出现了一种蔓延的趋势，即不完全比较的使用。当作者写到 the smaller states（较小的州）或者 the weaker students（较弱的学生）时，你有权利问比什么小（smaller than what）和比谁弱（weaker than whom）吗？有些表现形式，如 older workers（老工人），已经变得根深蒂固了，但还保持原样。

句　法

下面所有的语法结构都是正确的，细心的作者会很有效地deploy（配置）它们。因为它们在两个概念之间呈现出模糊的联系，但是，懒惰的作者就试图依赖它们以避免更为细致的思考。凡是作者喜欢这些结构到了千篇一律的程度的，建议作者将其中一些改用其他的方式来表达。

● The fact that（陈述事实）：This response reflects the fact that a dialogue has been established.（这种回答反映出的事实就是一个对话关系已经确立。）

● X means that Y（X 意味着 Y）：Attention to detail means that you give the customer all the necessary information.（注意细节意味着你给消费者提供所有必要的信息。）

● Both of the above（以上两者）：The fact that he has arrived means that we can start the party.（事实上他已经到达，这就意味着我们可以开始晚会了。）

● It is X that is Y(就是 X 是 Y): It is the wombat that is the main attraction.(就是袋熊是主要的吸引力。)复数情况: There are several methods that are suitable.(很多方法都合适。)

● X is about Y(X 是关于 Y 的): School is about education.(学校就是教育的地方。)

句法可能产生误解:一个句子起初是朝着这个方向,随后又转到别的地方去了。这通常叫作"让读者迷路",最好的解释就是举例。

● In short, wides latitude was left for future legislation.(简言之,广泛的言论自由有待将来的立法解决。)

● Southeast Asians were relatively fortunate in their secure food supplies, and they struck European and Chinese visitors as relatively healthy and long-lived.(东南亚的人在食品安全供应上比较幸运,他们相对于欧洲人和中国人来说要更健康并且长寿。)

● His methods have long been used by farmers and gardeners, and some of them are very old.(他的方法被农民和园丁长期使用,其中一些已经很老了。)

比　喻

比喻的作用使得很多单词被人们铭记于心,就像福勒(Fowler)所说的,比喻是"有时候有所倾向,在吸引和排斥的刺激下,让人激动得无法分辨是不是真实的生活。"[1]举例如下:

● Under the terms of the Antarctic Treaty it was that all territorial claims south of 60 degrees South would be frozen.(根据《南极条约》规定,所有对南纬 60 度以南的领土主张都将被冻结。)

● The impact of a fallen leader on his men was usually sufficient to cause panic and flight.(一个领导的倒台对其追随者的影响通常足以引起恐慌和溃逃。)

● Small bodies of Pidgin speakers are found all over New Guinea.(多语言混居的情况遍及整个新几内亚。)

〔1〕 现代英语用法,第 2 版,第 359 页。

● She had a meteoric rise in the corridors of power until she came up against the glass ceiling.（她在权力走廊中流星般地升起，直到她碰到玻璃顶棚。）

语气、语调和速度

语气和语调是两个相互联系的概念，它们指的是作者在文章中的存在以及她对读者的态度。你在这些方面的灵敏度，可以帮助你调整自己的语言，适应特殊的读者关系。编辑修改文章的时候，不会在正式文章中使用像 for starters（首先）或者 a bit of a（……多少有点儿）这样的口头表达，也不会在大众读物里使用像 solipsistic（唯我论的）和 epistemological（认识论的）这样的学术名词。《体例手册》的第 4 章中区分了正式文体的 3 种语域或层面。

速度也是属于这里的一个概念。一些作者直奔主题，而另外一些则迂回接近。在编辑手稿时，你常常会发现文章的进度不均匀，有的章节很拖沓。如果内容编辑工作完成了，你可以通过删减一些离题的部分，或者简化细节和例子的数量来加快文章的进度。要记住读者的进度和作者的并不一样。一个基础比较差的读者，或者一个刚刚接触这个主题的读者，可能得把每个句子读两遍。很显然，精练的文章可以鼓励读者迅速地完成阅读，不过也有例外，好作品可以让读者放慢速度，细细品味作者的写作技能。

有些作者对待读者的态度很强硬——“Make 'em work for it.”（做自己的作品！）——似乎是他们的座右铭。这是很危险的。供读者娱乐和获取信息的选择还有其他很多种，如果读者在阅读时要过分努力，那么，读者可能会把书扔到一边并且再不买其他书。默不做声也不是最好的方法，但争取得到读者的支持并没有任何坏处。即使是在一些正式的文体中，作者的表达也可以是很礼貌的。

如何在实践中使语气和语调保持协调？假设你想给第 4 章加进互见参照。下面就是一些可能的做法：

● 非个人的和正式的：This will be discussed further in Chapter 4.（下面

将在第 4 章进行更深入地讨论。)

● 个人的和正式的:We shall discuss this further in Chapter 4.(我们将在第 4 章进行更深入地讨论。)

● 非个人的和非正式的:Chapter 4 looks at this in more detail.(第 4 章将有更多细节介绍。)

● 个人的和非正式的:We will look at this in more detail in Chapter 4.(我们将在第 4 章看到更多详细内容。)

所有这些都是正确的,你的决定应该以作者的语气为依据。一些作者非常谨慎地使用 we(我们)和 I(我),你应该注意到并且遵从他们的选择。有的作者喜欢使用 we shall(我们将),而有的喜欢使用 we will(我们将),这就必须保持一致,特别是在多个作者共同编写的作品里。

更多微妙的语气问题出现在下面这些句子里:

● This was one of the seminal books of the feminist revolution.(这是一本关于女权革命的启发新观念的书)。单词 seminal(启发新观念的,创新的),来源于单词 semen(精液),用在这里十分不恰当。同样,在提到旅游目的地的时候使用 a wine mecca(众人渴望的喝酒的地方)也是不合适的。以上讨论的这些例子就是使用了不合适的比喻。

● 在一部涉及 1880 年代的传记梗概中,有这样的句子:He had several children by this lady but they never married.(他和这位小姐有了几个孩子,但是他们一直没有结婚)。在 19 世纪,这几个私生子的妈妈并不能称为 lady(小姐)。

● 1790 年代的一份从悉尼湾逃跑的犯罪计划中这样写到:The plan was nipped in the bud before they disappeared, some of them forever, into the vast emptiness of the surrounding countryside.(这个计划在他们中的一些永远消失在周边辽阔空旷的乡间之前被阻止在萌芽状态。)这个周围地区都是 empty(空的)的假设,引自一个未列入任何地区的过时的学说。

编辑必须注意作者表达的尺度,毫不犹豫地坚持主题,不能只是看看。举个例子,一本每月出版的关于女性的杂志,很可能不被叫作 Woman's Monthly(妇女月刊)。

拼写和标点符号

关于拼写和标点符号的规则在《体例手册》的第6章和第7章里阐述了,在一些语法和用法书中也有介绍。编辑必须十分清楚地知道这些规则。

拼　写

拼写本身并不重要,但它是一种社会标志,这种标志使得那些能够拼写的人轻视那些不能拼写的人。如果你学习过主要元音转移(日耳曼语),知道中世纪英语中Long e1和Long e2区别的话,那拼写对你来说就是有意义的,但是对于大多数人来说,拼写是一件令人厌烦的事情。虽然这里有一些革新的希望,就像键盘的使用一样,太多的人花太多的时间在学习那些仍然处在革新过程中的东西。全世界说英语的人,当他们无法认同字母表(aitch,baitch,zed,zee)的时候,是不可能认同拼写的。革新对很多人来说都是不利的,像苏格兰人(他们在night和同样结构的单词中gh是发音的)和其他欧洲语系的人,他们可以根据拼写而不是根据发音来组织同词源的词(German Nacht)。无论如何,关于拼写革新的采用,将会逐渐使所有存在的印刷材料失去意义,除了那些学习古拼写法的学者。

作为拼字法易变的证明,可以考虑这个来自《现代英语》的例子。这是一封信中的一部分,信是一个叫John Grenville的人写给他的赞助商Lisle爵士的,他自己的签名是Graynfyld,写于1533年。

Ryght honerabill and my moste especiall good Lord Mẏ dewty remembred I commend me vn to yow And to my Right honerabill good Lady praying to Jhesu longe to contenew yow in honor. plesitht hit yowre lordschypp that all your fryndis In thes partis be mery and all yowre afferes doo as well as yow woll dessyre. thanke be to Jhesu.

编辑一定要有耐心,并且精通英语拼写。如果你对一个单词有一丁点儿的怀疑,你就必须查阅字典。对于拼写来说,更糟糕的是,有时候你根本不知道自己不知道什么,有时候你偶尔会发现一些你已经拼写了很多年的单词竟然是错的。一定要注意那些经验丰富的校对员在自己编辑过的校样上进行的修正,以便发现自己的盲点。

如果规则拼写是件麻烦事的话,那么有变化的拼写就是"颈椎疼"了。出版社的风格可以帮助、要求出版商对整个词语群如在以-ise, -ize,和以-our, -or结尾的词中作出选择。遇到一些出版社没有列出的词时,你必须做出决定——是 acknowledgement 还是 acknowledgment(承认,感谢),是 burned(燃烧)还是 burnt,是 cooperate(合作)还是 co-operate,是 despatch(分派)还是 dispatch,是 egos(自我)还是 egoes,是 focused(聚焦的)还是 focussed——总之必须做到一致。这些决定有一定的重要性,但是也没有必要争论。一些幽默的作者和出版商特别钟爱于使用像 connexion(联系)这样的拼写,也有一些人坚持于词语间细微的区别。例如,在法庭判决时使用 judgment(判断),而在任何其他场合则使用 judgement(判断)。虽然大部分可变化的单词并不重要,但你也应该知道它们是什么。不要混淆间谍代号与枪支型号——MI6 和 M-16,或者将苹果与汉堡名称混淆——Mac world, McWorld。

澳大利亚人民不希望被美国文化所同化,顽强地使用着自己的传统拼写。在墨尔本时代,出版社决定将-or 改为-our 的时候,收到了潮水般涌来的祝贺信(和少数反对的信)。虽然有时候你会在编辑工作中使用到美式拼写,这可能很难适应。例如在使用-ize,-or 和-er 时,美式英语在使用双写或者单个 ell 的时候和我们的使用是相反的,我们选择使用 instill(慢慢地灌输)和 traveled(富有旅行经验的),还有很多其他的不同。学术著作在引文中保留了美式拼写和标点,但是在非正式的文章中,如果这样使用会分散读者注意力的话,就进行修改。编辑的参考书中应该有一本美国辞典。微软的文字处理系统可以识别不同地区英语的变化。

标点符号

有一个有趣的关于口语和书面语交互性的例子,标点符号在演讲中发挥了作用:例如,full stop(句号),像在"We're not going, full stop!"(我们不走了,都停住!)还有 quote-unquote(引文开始-引文结束)。引号甚至成了一种标志。

标点符号的使用规则在教科书中都有所介绍,但是人们却常常习惯于服从社会上的流行用法。今天我们这样写地址：Queen Street（皇后大街），但在 19 世纪却写成 Queen-Street（皇后大街）。现在的趋势是标点符号越来越简化。我们使用冒号的地方，在以前都是使用冒号加破折号，排字工人都知道这个迷人的名字 a full set（全套）。

随着排版设计知识的发展，半身铅线也越来越流行。它适用于表示数字的范围，比如年或页码。有时在词语中间表示 from，to（从……到……）或者 between（在两者之间）：the Melbourne-Yass-Sydney route（墨尔本-雅西-悉尼之间的路线），cost-benefit ratios（成本效益率），hand-eye co-ordination（手眼协调性）。它还常常用来连接单词，保持每个单词的独立性：Asia-Pacific region（亚洲-太平洋地区），Commonwealth-state agreement（联邦国家协议）；有时用来连接复合名词和其他词或者质词：Noble Prize-winner（诺贝尔奖得主），pre-Bronze Age tools（青铜器时代以前）。除了在这些短语中，像 pre-，mid-和 Anglo-等质词一般不使用半身铅线，而是使用连字号。一些出版商选择使用间隔半身铅线，而不是使用破折号；而有些则使用全身铅线，就像在本书中一样。

计算机键盘促进了斜线分隔符号和短斜线的过度使用，现在常常称为前斜线。它的一个恰当用法是将历法纪年 2003—2004 与财政年度 2003/2004 区分开来。斜线在课本中通常用作两个词间的含糊联系，以便掩饰自由的想法，但是它有精确的含义，表示“任一的，或”（either，or）。不要将 black/white dichotomy（黑白二分法）或 public-private separation（公私分离）与 black-white dialogue（黑人和白人之间的对话）或 public-private partnership（公私合营）相混淆。斜线不能在像 mother-child relationship（母子关系）或者 owner-occupier（业主居住者）中作连接词，也不适用于像 n. a. 这样的简写词。

编辑应该注意到某些标点符号使用正确与否的问题，但是有些标点符号是可以选择使用的。一些作者比其他人更多地使用逗号，就像有些人说话比其他人更喜欢停顿一样。只有遵守了基本规则，这些选择便成为了一种个人的偏爱，你不能不考虑作者的选择而一味热情地改正作者使用的标点符号。

引用语

对引用语的评价，就像评价手稿的所有部分一样，得依据它们的适用性和恰当性。引用语应该不需要进行编辑加工，尽管它常常要求在排版设计上规范使用像单引号或双引号、半身铅线或全身铅线、斜体字或罗马式标点符号。提到作者的一些明显错误，比如拼写错误，不像标点符号和段落错误那样改正过来即可，要标示存在的问题并注明“check original”（核对原文）。要对每一个出现两次以上的引文校验两遍以上——比如引自段落或者附录的较长论述中引用的短语。

在一些需要优先考虑意思表达的上下文中，可默默地对引用语作略微的编辑改动——也就是说，没有必要特意告诉读者你做了什么。典型的改动就是纠正排印错误、规范拼写和加注标点符号。另一方面，在学术著作中，拼写和标点符号必须印刷得十分准确。在引用美国作者文章的时候，要注意偶然出版的澳大利亚拼写。特别是在编辑历史类书籍和书信集的时候，最好（向丛书编辑咨询）使拼写和标点符号标准化，并在初始页中加上注释，解释已经发生了的变化。编辑对引文的加工就是通过逐字地加上方括号来进行，但是要注意把握尺度；sic 不应该重复为 ad nauseam（令人厌烦地）。

有一件编辑不应该忽略的事情，就是关于反引号后面标点符号的放置问题。关于句号、逗号以及其他标点应该放在引号里面还是外面，有很多不同的规定，但应根据引用语是否组成一个语法上完整的句子以及被讨论的标点符号是不是句子的一个部分来确定。美国人解决这个麻烦问题的方法是把所有的最后一个标点符号都放在反引号里面，小说里的对话也遵从这个方法。你选择哪一种规则并不重要，读者会很快习惯，只要文章的体系符合逻辑并且前后一致。如果作者采用了一致的体例但与出版商的风格不一样，那么可以询问出版商是否可以保留。即使可以做整体搜索，对于这个小问题的改动也不值得花费那么多时间。

有的编辑有一个很不好的习惯。他们修改引用语的首字母，把大写字母改为小写字母，反之亦然，以至于从前文来看引文非常流畅。到目前为止,一切还算顺利;对于读者来说较少分心。但是,之后他们通过把修改过的字母放入方括号中来吸引读者注意他们的好行为。在这些情况下,如果你不能默默地编辑它,就随它去吧;读者对突然出现的大写字母比想出放在方括号中词语的含义要省心。

在引用文中,英文省略号(占一个单词空间的单词旁边的3个句点)表示一些单词已经被省略了。一个完整的句子是在省略号后面还保留有它自己的句号,让4个句点排成一排。删除引文最前面和最后面的省略号,除非你想让读者注意到它的不完整。

引　号

还是说引文,引号表示技术术语的最初使用或者是讽刺用法。在贸易中后者的意思是scare quotes(惊恐报价)。要注意作者使用引号是为了寻找语言学上浅显的对应的词语,同时还带有通俗语言和嘲笑的含义。如果scare quotes(惊恐报价)的使用over the top(不得当),那么它将使读者处于off-side(越位)的状态,并且处于worst-case scenario(最糟糕的假想境地),这将是真的turn-off(岔路)。

很多澳大利亚图书出版商喜欢把使用单引号作为自己的风格(把双引号作为引用中的引用),澳大利亚的报纸和美国出版商则使用双引号。当把单引号转换为双引号的时候,要搞清楚你是不是无意中修改了撇号(′)。出版商的出版风格可能规定所有超过固定长度的引用,通常是50个词,就被“下置”作为块引用——不用加引号,而是缩排,用比正文小一些的字体,以示区别。引证可以放在块引用的末尾,或者放在方括号里,或者在右边使用分隔线。

微软文字处理系统通过给予我们两种引号的选择,使我们的生活复杂化:直接引用和间接或智能引用。如果它们在纸质文稿中不一致,就应通知排字工。在电脑上,你可以自己通过查找和替换功能来改变它们。

所有的引用都必须核对一下它的版权状态(第2章),并且保证与出版物的参考文献的格式一致。

印刷中的口语词语

编辑会遇到多种形式的口语词语:面试、团体活动、口述历史、法律证据、小说式的对话。演讲记录和对话会出现一些特殊的问题,尤其是当演讲者使用不规范的英语时。

要记住读写能力在很大程度上是碰巧产生的,并没有授予优秀的智者或具有美德的人。文盲和半文盲的人同样可以写出有价值的东西,编辑要做的工作就是帮助他们,使得他们想要传达的信息被大家所理解。这是一种平衡作用。演讲者有权利发出他们真实的声音,但是编辑有义务对读者负责并且遵守出版惯例。[1]

很多人认为怎么说就该怎么写,但是有些词语的书面形式与口头表达只有间接的关系。没有人会在单词 Christmas(圣诞)中发 t 的音,也没有人在 kindness(仁慈)中发 d 音,但是我们常常习惯于按照我们所想的样子去拼写。The Macquarie Dictionary(《麦夸里字典》)告诉我们,澳大利亚人在念 temporary(暂时的)时通常是两个音节,temp'ry,但是很多人声称应该是 3 个音节甚至是 4 个音节。书面语大致接近于精确语音,照字面意思阅读演讲记录就会乏味沉闷。即使发音清晰的演讲者在阅读时也会犹豫,重复它们,在句中改变结构。

当编辑演讲记录时,要考虑上下文的关系和写作目的:有时表达必须精确,有时则是含义优先。有些带有法定程序的记录,比如呈给法庭的证据和王室委任状,必须一字不差地复制,但是对于其他材料,编辑则有自由处理的权利。

在演讲记录和对话中使用不规范的拼写,例如 dunno(不知道),gunna(去哪里),Satdee(星期六),经常会构成有价值的判断。这些拼写的发音普遍存在于各种层次的演讲者中,只要你认真听,你一定可以听到。另外一个例子是通俗用法 should of(应该)。当这个词在出版物中出现时,读者可能会动用他所知道的关于印刷文化的知识推断出演讲者是属于哪个阶层或哪个群体的人。在小说式的对话中,这可能是期待的效果,但是在有些情况下,你可以通过默默地编辑短语 should have(应该)来真实地表达作者目的,并且符合出版习惯。在表 9.3 中可以看到编辑过的不规范英语的演讲记录的例子。

当复制这些演讲记录时,应该弄清楚演讲者和记录者的版权利益。

---

〔1〕 休·佩姬,"从磁带到纸张",论文提交于 2003 年 7 月在布里斯班举办的 CASE 全国会议上。

列 举

列举是将信息从正文中挑出来的一种方式,下面是分标题层级进行的介绍。

在正文中

当你阅读文章的时候,看到下面这样的陈述警钟应该敲响,“关于这个问题有两种异议”或者“通常使用4种方法”。给这些标上重点记号,并且提醒自己确定这两种异议和四种方法都在文章中讨论了。当你读到第二种异议或者第四种方法的末尾时,再回到开始列举的地方,考虑是否给了读者足够的信息。作者在给出第一种异议的时候可能很激动,因此用了很多篇幅,但是读者并不想花费这么多时间等待第二种异议。因此,当作者论述完第一种异议,最后对第二种异议再作答复时,你可能不得不加上标题,或者用一些关联性的短语来唤起读者的记忆。

当在正文中使用列举时,有些作者喜欢使用 firstly(首先),secondly(其次),而另一些作者则喜欢使用 first(第一),second(第二)。两种用法都可以但是必须保持一致,特别是在多个作者共同编写的作品里。

项目符号和数字列表

《体例手册》的第9章解释了使用列表的规则,这就是所谓的精确但不优美的“缩排详细列举材料”。编辑可以将列表中最低一级标题来回交换使用,在有些情况下也可以把它们制成表格,表9.7有举例说明。列表有助于拆开繁琐的类别,把复杂的子集陈列有序,让读者更容易理解;句法和排版设计可以让陈述内容彼此之间的关系变得清楚明晰。此外,要求所有知识点平行并且一致会迫使作者(或编辑)去分析概念、阐明词义,以便有益于读者。

注意表格中的提示语。通过将重复的短语移到介绍性的句子中来剔除列表中重复的内容。单词 following(下列各项)和 as follows(如下所说)可以提示下面的内容并且不会增加多余意思。通过用"Smith presented his complaints"(史密斯表现了他的不满)来代替"Smith presented the following list of complaints"(史密斯表现出了下列不满),并使用冒号来介绍不满,而使含义前移。

关于列表要注意的另外一些事项是:

- 表中所列都是语法完整的句子,每一句用大写字母开头并用句号结尾。短语则使用小写字母开头,结尾不需要标点符号,列举的最后一点使用句号。
- 页面上的字体类别可以传达有关各项内容之间关系的信息,没必要再用语言重复这些信息。
- 努力将表中所列的项目控制在最多 7 项以内,便于读者理解。
- 一个列表中,不要使用 3 个以上的标准。
- 如果列表是描写一系列的行为,例如处方或者学生活动,要检查所有步骤是否都已给出,并且彼此之间是前后顺序关系。

专业研究和外来素材

你可能认为你只编辑"普通"书籍,但是很多"普通"书籍中包含着一些专业研究的材料。你不需要在这些专门领域有很深的知识,但是你应该广泛熟悉它们的印刷排版惯例。换言之,你不必懂得相对论的理论,但是你应该知道 $E = mc^2$ 有一个大写字母,等号两边各有一个空格,还有一个数字上标。你在一定程度上可以依靠专业作者,但是他们可能会有特殊的失误。总之,读者的需要极为重要;应在大众读物中解释专业术语,方便普通读者理解。

历　史

度量单位和货币在历史材料中会出现问题。如果只有少量的度量单位,你可以用现代方式表现,但如果有很多,最好用旧的方式表现,并事先在初始页中提供一个转换表。这只是一个行文风格问题。在转换时千万不能粗心大意——£ 1 per acre(每一英亩 1 英镑)的地价不同于 a dollar for 2,000 square metres(1 美元2 000平方米)。总价通常能够根据它们可以购买的物品来做更好的解释——the price of a loaf of bread or a year's wages for a carpenter(一块面包的价格或者一个木匠一年的工资)。

科学和数学

在编辑科学作品时,编辑可以通过仔细检查每个句子中论据的结构、长度、复杂性和词汇的密度来使其更容易理解。[1]

即使你从来没有处理过专家的文章,你也会在那些大众读物当中遇到科学术语。你需要粗略地熟悉科学和数学的基本概念,以及它们的印刷排版惯例。你应该确信自己具备这些知识:

● 公制体系和标准前缀如 kilo-(千),centi-(百分之一)和 milli-(千分之一,毫)。例如,一个画面的千分之一(milli-picture)在艺术领域相当于一个很有价值的词。

● 不同度量体系之间的相互转换,诸如公制的和英制的、摄氏的和华氏的、常衡和金衡制、微米、海里。

● 数学,包括符号、比率、等式、统计数字以及罗马数字。

● 物种是植物学和生物学里的名词。大写物种的属概念或者用斜体词表示的都是术语:Homo sapiens(智人,现代人的学名),Eucalyptus regnans(桉树)。如果属概念能被采用,可以简写为 E. coli(大肠杆菌)。

● 地质时代和习惯表达,比如 BP(从前),MYA(一百万年以前)。

● 化学:比如,H_2O 和 CO_2 中的阿拉伯数字都是下标,测量氢离子活度是 pH 值,最有名的除草剂是 2,4 - T。

● 常见错误:a light year(光年)是距离单位,而不是时间单位;a quantum leap(量子跃迁)是微小的;生物学不承认不同人种的概念。

你不用把这些都记住,但是手边要有这些信息,当它们出现时可以很好地解决问题。编辑的参考书中应该包括一本科学字典。

[1] 克里斯特在《剑桥英语语言百科全书》(372—373 页)中分析了两个令人深思的例子。

法　律

法律术语在逐渐接近普通英语，但还有很长的路要走。简化法律语言复杂性的努力往往引起实践、专业、社会等方面问题，一些法律专业人士提出抗议。然而，普通英语文献的出现似乎并没有引起诉讼数量的大幅增加。〔1〕

法律引用有它自己的格式，方括号和圆括号之间的区别至关重要，来自法庭判决的引用往往晦涩地写成 at 154，而不是写成广泛使用、易于理解的习惯用法 p. 154。作者引用法庭案例的时候可能都要接受这些细节方面的训练，作为一名编辑你所需要知道的就是不要搞糟这些用法。法律书籍出版商会提供格式指导，你也可以参考类似的出版物来决定正确的用法。

诗　歌

诗词和歌曲会出现在各种各样的作品中，从包含着国歌的历书到史书、传记、社会科学以及小说。传统上，歌曲和短诗的标题采用罗马字体加引号；长诗的标题则使用斜体字。当诗词和歌曲被引用时，会产生版权问题（第2章）。

如果引用的诗词少于两行，就直接放在正文中；保留标点符号和大写字母，用斜线符号把它们分隔开表示断行："Australians all, let us rejoice,/ For we are young and free."（所有的澳大利亚人，让我们快乐起来，/ 因为我们年轻，因为我们自由。）歌曲和传统诗歌的印刷排版惯例如下：

- 每一行以大写字母开头。
- 根据韵律缩排。
- 换行的时候使用悬挂缩进。
- （诗的）每节开始时要空一行。
- 重复可以使用斜体字或者另外缩进，以表示区别。

一行一行地标注下置诗歌引文，这样排字工人就知道不能连续排了。

---

〔1〕 克里斯特在《剑桥英语语言百科全书》（372—373 页）中分析了两个令人深思的例子，见 374—377 页；彼得·巴特和理查德·卡斯特，"现代法律起草：指导你使用较清楚的语言"（剑桥大学出版社，墨尔本，2001）。

如果你正在编辑传统诗词，你需要学习韵律学的知识。十四行诗可能需要特殊处理；要研究由著名出版商出版的诗词类书籍，决定两个四行诗和一个六行诗，或者两个六行诗和一个对句的版面设计。自由诗必须严格遵循作者的缩排和标点符号。缩排要求为设计人员和排字工人进行仔细地标注以及校对时用心检查。

对话和手稿

对话在剧本类手稿中一般使用悬挂式缩进；演员名字用小体大写字母，舞台说明用斜体字。现场记录和对白的处理也基本相同。小说中的对话，作者有时使用词首的全身或半身铅线代替引号来表示直接引语。

外语词汇和姓名

文化多样性和全球化促使英凯尔特澳大利亚人向阿拉伯和韩国这样不同语言的印刷排版惯例妥协。编辑需要熟悉外语字母，诸如希腊语字母和古代斯拉夫语的字母以及它们的音译体系。比如，你应该知道中文有两种音译方法，一种是古代流行的威妥玛式，另一种是现在使用的拼音。一种给出 Peking（北京）和 Mao Tse-tung（毛泽东），另一种是 Beijing（北京）和 Mao Zedong（毛泽东）。学习阿拉伯语中关于姓名和单词的音译知识——al-Qaeda，hijab，burqa，imam——愈发显出必要性了。一些新的外来语在字典中查不到，可以遵循权威报纸上的拼写。

关于外国人的姓名和词汇以及它们的印刷排版惯例，知道得越多越好。你不仅要知道拼写和读音符号，而且还应该能够决定参考书目或索引中外国人姓名的字母排序。亚洲人姓名按照字母顺序排列就很难。在一些文化中，习惯把姓放在前面，所以在依字母顺序排列的名单中姓名是一样的，在姓和名中间没有逗号；Kim Jong-il 就是这样，在 K 后面没有逗号。但是有些亚洲人，特别是如果他们生活在说英语的国家，已经采用了英国的顺序。没有办法告诉每个人该怎样选择，只有通过原始资料和图书馆目录来认真核对。这是作者的责任，但是编辑必须监督作者履行责任。

解释外语词汇并且给出外语段落和短语的翻译，除非上下文已经把意思解释得非常清楚，或者可以确定目标读者能够理解这些单词。如果文章中有很多外语词汇，需要考虑是否给出一个词汇表。外语词汇印刷时用斜体字，但是移植词汇不需要。字典会给出指导，告诉你这个词是否是移植词汇，但是对于专业目录，或者近期采用的诸如 barista（酒保）或者 shtetl（犹太人小村）等词语，有时需要作出正确的判断。在遇到名词的情况下，如果是英语单词复数（以 s 结尾），就可以认为是移植词汇，不需要使用斜体。外语词典有助于你核对引文和标题，但是要注意外来词已经被英语化了的拼写，像 naivety（天真烂漫）。[1]

你可以通过使用《牛津体例指南》（The Oxford Guide to Style）来弥补自己在多文化印刷排版知识方面的不足，对像爱沙尼亚语如何依字母顺序排序、盖尔语的大写字母、汉语的斜体字、越南语的读音符号以及俄语的词语分类，它可以给你提供权威规则。它甚至可以补充你在诸如古英语、哥特式以及亚拉姆语这些已经灭绝的语言方面的知识。

更多的关于编辑专业材料的信息，可以查阅巴切（Butcher）编辑的《剑桥手册》（The Cambridge Handbook）第 13 章，以及瑞特（Ritter）的《牛津体例指南》（The Oxford Guide to Style）第 12、13 章。

[1] 弗娜·里斯查德，"介于语言与文化之间的文字"，澳大利亚风格，第 11 卷，第 1 册，(2003 年 6 月)，1—2 页，关于英语中含蓄地吸收阿拉伯文字的意见。

图 6.1　编辑图示:小学自然科学课本

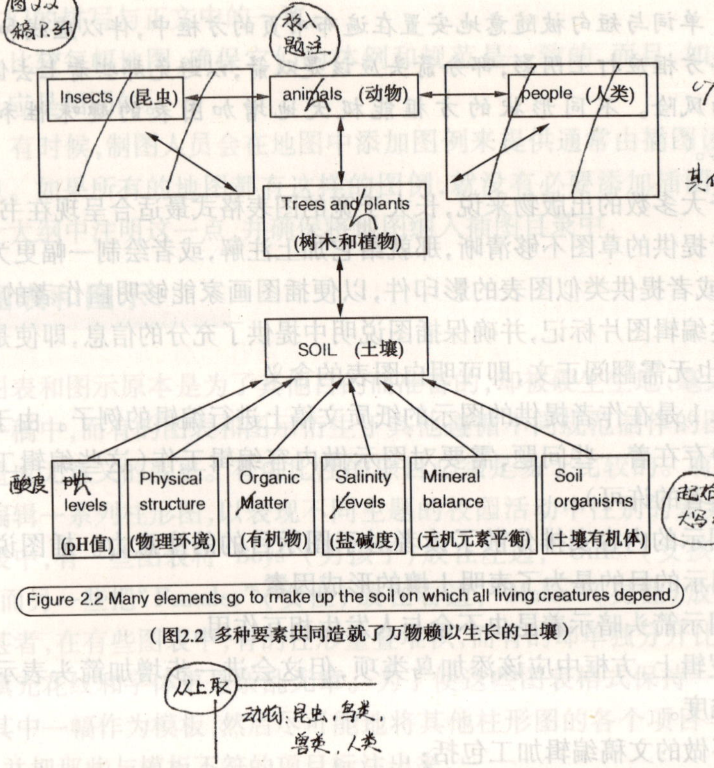

图画和漫画

为了制作有创意的插图,编辑通常要给插图画家或漫画家提供设计大纲。设计大纲大致包括草图、来自于其他书籍的照片或相关文章,以及对每幅图片的文字描述。编辑要讲明图片不能表现危险的活动,不能有性别、宗教和种族歧视等方面的问题。对于漫画,尤其要检查其内容是否隐含攻击性的含义。

如果需要的话,应编辑图片标记、准备插图说明样稿和插图目录中对应的条目。如果一幅诸如历史事件漫画类的图片已经配备了插图说明,那么你就可以决定通过将这些插图说明从图中移走并放入最终的插图说明中来提高图片的易读性，并在草图中注明这一点。

加框文字

方框或色块常用于将辅助材料与正文区分开来。对于类似定义、背景信息和延伸活动类的文字来说，运用方框和色块就更加简便。

不妨将加框文字视为插图的一种特殊形式，尤其是那些诸如报纸的大字标题等在排版上需要特别处理的加框文字。加框文字通常有自己的标题（在方框内），不同于一般的插图说明（在方框外）。加框文字也可能被编了号，特别是正文对其有所提及时；在一些书里，它们还在目录或插图目录中占有一席之地。

电子图片

图像是电子出版物不可缺少的部分。除了线条画和半色调图片，电子出版物能够显示动画、视频和三维图像等信息。电子图片还能提供印刷出版物所没有的多种选择，比如方便地放大或缩小图像，并即时直接反馈给出版商或作者等。电子图像技术日新月异，与这种媒介打交道的编辑应随时更新自己的知识，或者寻求专家的建议。最基本的要求是保持与设计人员和技术人员的密切合作。

如第 4 章所讲的，设计电子出版物时不能过度专注于过程本身。过分繁琐的操作只会适得其反。或许你觉得为图示加上动画效果是一件有趣的事情，但是读者只会觉得那很烦人。使用超出 216 色标准浏览器显示色彩的颜色虽能令图像更鲜明，但读者的显示器不一定能显示这些颜色。当把印刷出版物转换成电子出版物时，需要重新评估出版物中的插图是否适合这种媒介，置换那些不合适的图片，或者添加新的合适的图片。

或许你有过在等待计算机加载巨型图片时，对那缓慢的速度极不耐烦，以至于开始诅咒该死的计算机的经历。对于电子出版物，编辑应评估每幅图片与文本的相关度及其加载速度，将那些纯粹用于装饰的图片去除。如果真的需要保留一幅巨型图片，那么在正文中给出该幅图片的缩略图，并提供原图的超链接，以保证文件的加载速度不会被拖慢。还需要考虑图片与各种浏览器的兼容性。所有的电子出版物都需经过严格的测试，确保它们引起的诽谤案件,导致了对他书中所列的参考资料的详细检查。检查中发现他歪曲和否认了大屠杀的事实,结果他输掉了官司,并丧失了他作为学者的名誉。在澳大利亚,关于土著民族的历史(尤其是关于被白种人大屠杀的历史)是虚构的这一见解,使人们开始关注引文的准确性。作者有责任确保引文的准确性,但是编辑也必须对未必确实的和不一致的表述保持警惕。

作者常会在参考资料部分犯错误。你可能会在各种信息中找到矛盾的地方:作者名字的拼写、合著者名字排列的顺序、标题的措词、出版日期、卷数和页码。特别注意作者列出自己作品的地方:他们可能会在某些细节地方出错,因为他们是凭记忆列的作品名。

如果参考资料非常不完善,那么就要非常细致准确地向作者解释参考资料的标准和要求。如果参考资料只有一点不太完备,那么就可以要求作者提供所需材料以完善参考资料。但是,如果作者不太可靠或者很慢,如果只有半打左右的参考书目有明显的疑问,比较快的做法是自己在网上图书馆查找以将其完备。澳大利亚和新西兰的国家图书馆,作为法定的版本图书馆,理论上有各个国家每一种出版物的备份,并且它们的目录搜索功能是非常强大的。它们的电子网络版已经和大英博物馆以及美国国会图书馆的目录相连接。[1]

注意引用会议论文。这些都是学术上前沿,处于思维的格式化阶段,还没有组成一篇文章或者一本书;学者们可能希望利用这些内容,那么尽可能提供详细的细节,包括会议时间、地点、会议组织者姓名。

参考资料的内容编辑

资料来源的详细引证也许是为了增强学术的可靠性,或是因为图书的前身是博士论文的遗留影响。在你开始编辑参考资料之前,问自己一个最基本的问题,这个问题也适用于图书的所有组成部分:它们真的有必要吗?它们符合目标并满足目标读者的需要吗?

即使你发现通过内容编辑工作,参考资料部分会有很大的改善,但也不要对其作太大的改变,除非你得到了出版商和作者的同意,并且充分考虑了

〔1〕 www. nal. gov. au, www. natlib. govt. nz, www. electriceditors. org。

成本问题。下面所述是一些规范化注释的方法。

表7.3 对参考资料进行文稿编辑的程序

任　务	文件注释体系	著者-出版日期体系
正文中引用	突出所有的上角数字或在页边作标注检查它们的位置:尽可能将它们移到句末或段尾 检查多余的重复:如果可以的话将它们结合	突出所有的正文引用或在页边作标注 检查它们的位置:尽可能将它们移到句尾或段尾 检查多余的重复:如果可以的话将它们结合 编辑正文中的引用,关于作者姓名的拼写,标点符号的一致性:逗号、冒号和记号
参考书目或参考资料	编辑以保持完整性和一致性	编辑以保持完整性和一致性
判断	比较正文和注释的意义;如果它们不一致,注释的编号可能需要调整;咨询作者	比较正文和引文的意义;如果它们不一致,咨询作者
无意义的变化	对照参考书目检查注释,以检查它们的拼写、作者姓名顺序、标题措辞、出版地和出版时间是否一致	对照参考资料目录检查正文中的引用,以检查它们的拼写、作者姓名顺序、出版年代是否一致
重复	比较正文和注释;如果作者姓名在正文中出现,在注释中就没有必要重复比较注释和参考书目;注释中的引用可以只写作者的姓以及缩写的标题,因为参考书目会提供详细的出版信息	
顺序	检查参考书目的字母表排序和年代排序检查正文指示和注释的数字编号顺序	检查参考资料目录的字母表排序和年代排序

表7.4　引用图书的典型格式

作　　者	附加信息1	标　　题	附加信息2	出版信息
Marr，David		帕特里克·怀特：一种生活		悉尼：兰登书屋，1991
Axelrod，R.	1984	合作的演变		基础书店，纽约
Grieve，Norma，and Burns，Ailsa	编辑	澳大利亚女性：当代女权思想		牛津大学出版社墨尔本，1994
Burns，Robert	（ed. John Hill）	诗歌总集		A. and C. Black，爱丁堡，1923
Roughsey，Elsie		一位土著妈妈讲述旧时代与新时代	ed. Paul Memmott and Robyn Horsman	Fitzroy：McPhee Gribble，1984
Gowers，Sir Ernest		极其朴素的语言	2nd edn，rev. Sir Bruce Fraser	HMSO 英国皇家文书局（伦敦，1973）
有关土著居民和托雷斯海峡岛上居民的孩子与他们的家族分离的国民调查	1997	将他们带回家	（Sir Ronald Wilson，president）	人权和平等机会委员会，悉尼
澳大利亚理工学院　国家公园委员会		国家公园和西澳大利亚的保存	Occasional Paper No. 3	澳大利亚理工学院，伯斯，未注明出版日期
Andrews，A		墨累河上游最初的定居点，1835—1845		悉尼：D. S. 福特，1920（澳大利亚历史图书馆，悉尼，facs. edn，1974）澳大利亚历史图书馆，悉尼，[1920]1974

尾注和脚注

即使用精密的排版软件，脚注也必须仔细对待，在校对阶段要根据版面容量组排稿件（第 8 章）。因为这会增加成本，出版商通常倾向于使用尾注。

在你开始对注释进行内容编辑之前，应考虑清楚大范围的重新编号工作是否值得。使正文中的上角数字编号和注释本身的编号这两种顺序相互关联，是一件非常乏味和易使人糊涂的工作，即便使用电脑也会如此。在没有得到作者和出版商的同意之前，不要试图做可能引起重新编号的改动。

除了在非常正规的学术文章里，其他文章一般没有必要提供所有论述和引用的出处。有时作者可能在同一段里多次提及同样的资料来源，并且为每一个参考资料做一个单独的注释。如果出版商同意为内容编辑工作和重新为注释编号支付报酬，就应该将这些重复的标注压缩成一个，并在开头做一个标记，如"这部分引自"或者"以下内容来源于"，并标出一个页码的跨度。同样，在著者-出版日期系统中，你可以将正文中所有一样的引文合并成一个，并将其放在段首或段尾。

如果盲目使用这种办法，著者-出版日期系统可能会变得非常模糊。对于读者而言，一个讨论"亚当-史密斯（1978，1982）"的段落是毫无意义的，除非读者翻到参考资料目录，在那里"亚当-史密斯在她的书 The ANZACs 和 The Shearers 中提供了所有必要的信息"，才可以使读者明白究竟。

尾注中的缩写通常列在尾注的开头，而不是在初始页中。作者可能在第一次提及时以这种形式介绍缩写形式"National Library of Australia（澳大利亚国家图书馆），以后用 NLA 表示"。但这对读者并没有用；如果读者忘记了，他就必须翻回去找到第一次提及时的注释。如果这里有两个、三个或更多的缩写标注，那么最好编辑一个缩略语表。

劝说作者不要使用拉丁语缩写形式，比如 op. cit. 和 et seq.（不然替换它们需要大量的工作）。Op. cit. 意思是"在所引作品中"，可以用作品的名称替换（如果必要的话可以用简写）；et seq. 意思是"接下来的"，可以用实际页码替换或者用"ff."表示。两种非常有用的拉丁语缩写形式是"et al."，意思是"其他人"，指的是多名作者；还有"ibid."，意思是"在同样的地方"。这两种形式可以节约空间，并为大家所熟知。记住，如果前面的注释引用的不止一部作品，就不能使用“ibid.”，并且如果注释改变的话，这种用法就可能不正确。

尾注有章节标题作为小标题。根据目录核实它们的措辞和字体。如果章节标题太长，那么尾注的小标题就可以作为标题的简略形式使用（第4章）。

参考书目

给参考书目一个非常合适的标题。对于著者-出版日期系统来说，参考书目通常称为References（参考资料），但在其他情况下，参考书目可能被称为Selected Bibliography（精选参考书目），或Bibliography of Works Cited（引用作品参考书目），或Further Reading（延伸阅读），或简单地称之为Bibliography（参考书目）。

作者有时将参考书目分成几部分或几个子部分，比如档案资料、原始资料、官方资料、文章、书籍、学位论文，等等。在学位论文中要求使用这种方法，但如果是图书，就必须简化这种方法；想得到详细信息的学者可以查阅学位论文。大众读者倾向于一个Note on Sources（资料来源注释）的说明，而不是那些有关档案材料的繁复列表，读者绝对不会去查阅这些资料；读者不希望从一堆按字母表顺序排列的参考资料中去找寻某一个特殊的资料。并且，这种编辑工作花费也是较高的，必须得到作者和出版商的认可。

按照字母表顺序核实参考书目和参考资料目录，当同一作者的多个作品被引用时，按照年代顺序来核实。重复一个作者姓名时用2个全身铅线长来替代可以增强文章的易读性，但是在你将所有引用的材料按正确顺序排布之前，不要做这样的标记。

这里有一些处理参考书目的简便实用的建议：

比较参考书目和尾注或正文中的引用，将它们并排放在你的桌面上，或使用一个分离屏幕（第10章“比较两份文档”）。

当你对照参考书目的纸质副本检查正文中的引用或注释中的引文时，确保参考书目的右上角有一个弹簧纸夹，这在你翻阅时可以固定纸页，以便集中注意力在书页的左部分，寻找特定的引用材料。

索 引

准备一份索引是一种对想象力的训练，编索引者必须考虑读者可能希望了解图书内容的各种方式。例如，一本关于澳式足球的历史书，也许会有读者查阅，以便了解第二次世界大战对这一体育项目、对特殊的比赛者、俱乐部或体育场、教练角色的变化以及场地准备工作的影响。索引编制者通过对条目的仔细选择和互见参照以满足所有这些需求。《体例手册》的第15章中有更多关于这方面内容的介绍。

索引通常在电脑上编辑。如果索引经过专业化的准备，编辑只需快速检查以确认索引编制者的能力，并纠正排印错误，与正文保持一致。虽然索引通常是由业余人员——作者编辑的。在大多数情况下这是徒有其表的节约。一个业余人员编制的索引通常既需要内容编辑工作，也需要文稿编辑工作。

在图书以单页校样方式呈现之前索引不能最后定稿。当编辑收到索引时，生产工序已经预先安排好，预算和日程表都不能改动。如果索引不合标准，没有时间将索引返还作者修改——当然，最好作者可以进行修改。在最极端的情况下，你可能要求出版商宽限时间和资金，但通常情况下你必须尽可能地利用你所拥有的资源。

索引的内容编辑

索引的组织应该是显而易见的，没有关于图书内容的专业知识应该也可以很快地找到词条的位置。大多数图书只需要一级单独的条目就足够了，少数图书的词条需要两级以上的类目。专业索引编制者建议，对于专业作品，要留正文空间的12% ~15% 作为索引空间；对于学术书籍或教科书要留8% ~10% 的空间；对于一般或大众读物要留3% ~5% 的空间[1]。

编制索引，可以从两个不同的角度处理：

---

〔1〕 马克思·麦克马斯特，专题研讨会笔记，编辑协会（维多利亚），1998。

首先,注意措词,忽略页码数。索引是否具有概念上的完整性?主题是否省略了?是否提供了足够的同义词?测试互见参照:如果一个条目写着:“教育:见学校”,要检查一下以确保的确有“学校”这一条目。

现在看看页码数。巴切(Butcher)在《文稿编辑》一书中推荐,如果一个条目的页数超过了6页,就应该分成子条目,但这很少可以实现。相反,几个子条目如果都涉及相同的两页或三页内容,可以合并成一个条目。

不断执行这些操作,直到编辑时间结束或你已经非常满意索引的概念整合。

索引的文稿编辑

这里是一个在电脑上对索引进行文稿编辑的系统化过程:

1. 作任何必要的整体改动:纠正拼写错误,用斜体字排 See(参见)以及 See Also(另见),将连字符转换成数字间隔里的半身铅线。

2. 将索引条目按照字母表顺序分类,在 Word 软件中通过 Table > Sort(表格 > 排序)可以执行这一操作。根据出版社风格检查一些关键点的排列结果,如数字和 Mac,Mc。

3. 在每一个字符块之前空一行。

4. 阅读措辞(忽略页码数),检查排印错误和标点符号,以及由于改动所引起的错误。纠正不一致的格式——拼写、大写字母、斜体字——对照单词表或者校样检查有疑问的措词。

5. 看页码数,检查一致性、标点符号、以及正确的顺序。查找省略或重复的数字以及无意义的数字,如155-4。根据单页校样查找正确的页码数字;作为最后的手段,删除有疑问的数字。

6. 将编辑后的索引保存为新文件,并恰当命名(第10章“电子文档”)。

8 校 对

在比阿特丽斯·戴维斯(Beatrice Davis)还是他们的资深编辑的鼎盛时期,安格斯(Angus)和罗伯特森(Robertison)常常认为,一本书里有3个排印错误是合理的量[1],这仍是我们追求的目标。当然,在任何一本出版物中都存在出错的极大可能性——所有那些字母、单词、名字、日期、事实、数字以及排版设计——而且你对出版物越熟悉,就越难发现这些错误。通常有经验的编辑扫视校对页,马上就能点出校对员遗漏的错误。这并不是讥讽校对员,只是证明在出版物中发现错误有多难。非常容易在显示出来的书名和标题中遗漏排印错误。

有些编辑认为阅读过程实际上会造成排印错误。他们说,浏览文本这一举动会导致字母混乱或移动;因此,对书页阅读的次数越多,错误就会越多。尽管有相当多关于这种影响的轶事证据,但精确的科学调查还是证明这种说法是错误的。尽管如此,编辑应当掌握玛佛瑞校对法则(Muphry's Law of Proofreading)的操作,如约翰·班桑德(John Bangsund)所叙述的那样:

玛佛瑞校对法则是著名的玛佛瑞法则在编辑方面的应用。玛佛瑞法则规定:(a)如果你写了什么评论编辑或校对的内容,那么在你写的东西里会出现某种错误;(b)如果作者在书中向你的编辑或校对工作致谢,那么书中会有错误;(c)在(a)和(b)中,情感表达越强烈,错误就越严重;(d)任何致

[1] 见杰奎琳·肯特,"一种确定的风格:比阿特丽斯·戴维斯,文学的一生"(企鹅,墨尔本,2001)。

已编稿的打印输出

表 8.3 显示了与上表相同的副本,但编辑制作方法不同。编辑工作已在电脑上完成,已编稿以标记过的打印输出的方式呈现。

表 8.3 在电脑上完成,完稿以标记过的打印稿呈现:初级商务教程

FIGURE 8.3 **Mark-up on the printout of a manuscript that has been edited on screen: junior commerce textbook**

xch no ~~CHAPTER 4~~

xch head **Small Business and the Law**

xpara f/o A small business can be defined in various ways, according to factors such as the number of people it employs or the value of its annual sales ~~each year~~. Generally the defintion includes businesses that have ~~less~~ fewer than twenty employees. Most small businesses share two characteristics~~,~~: the owner manages the business and ~~he or she~~ provides most of the capital.

xAhead **Types of Business Organisation**

xBhead **Sole trader**

For a sole trader, the business has no legal identity separate fr~~o~~om the owner. The main advantage of sole trading is that the owner has total control. The disadvantages are:

xbullet list
- ~~t~~The owner's private assets may be required to meet business debts~~;~~.
- ~~it can be hard to obtain~~ ~~f~~Finance or external equity can be hard to obtain~~;~~.
- ~~t~~The owner incurs captial gains tax if the business is sold~~; and~~.
- ~~t~~The owner's illness or death may damage the business.

xpara7 A sole trader pays personal income tax on the profit (income minus expenses) ~~i~~of the business.

Partnership

The law deems that a partnership can exist where people act like partners, even though they have never explicitly agreed to form a partnership. A partnership exists when ~~certain~~ three factors apply:

- a business is being carried on~~; and~~
- the business is being carried on in common (either by the partners or by an agent acting for them)~~; and~~
- the aim of the business is profit.

Although you do~~n't~~ not have to comply with any formalities to set up a partnership, it is wise to draw up a written agreement. It should specify the obligations, rights and liabilities of the partners in case of disputes, and such matters as capital contributions, entitlements to salaries, and rights when the partnership is terminated.

- 因为编辑修改已在电脑上完成,所以标记由给设计人员的说明组成——也就是说,格式已定。
- 对大多数手稿而言,编辑只需标记一部分页面或一章。
- 格式与设计大纲中的目录相符合,字母 x 在命名上表示编辑创造的习惯格式。

● Track Changes(跟踪修订)通常在已编稿打印之前除去,但这里显示改动是为了与表 8.2 作比较。

校 样

表 8.4 表明,如果与上表相同的副本作为校样放在你的桌上时,就需要采用一种不同的方法。如前所述,校对员的限制性任务比编辑多。不可能在制作过程的后阶段改善措辞,除非这种改动的花费已同出版商算清。

表 8.4 正确的校对:初级商务教程

FIGURE 8.4 A corrected proof: junior commerce textbook

CHAPTER 4

SMALL BUSINESS AND THE LAW (u. & l.c.)

A small business can be defined in various ways, according to factors such as the number of people it employs or the value of its sales each year. Generally the defintion includes businesses that have less than twenty employees. Most small businesses share two characteristics; the owner manages the business and he or she provides most of the capital. (fewer/)

(6pt #)

Types of Business Organisation

(equal #)

Sole trader

For a sole trader, the business has no legal identity separate fomr the owner. The main advantage of sole trading is that the owner has total control. The disadvantages are: (trs)

- the owner's private assets may be required to meet business debts;
- finance or external equity can be hard to obtain;
- the owner incurs captial gains tax if the business is sold; and
- the owner's illness or death may damage the business.

A sole trader pays personal income tax on the profit (income minus expenses) if the business. (o/)

Partnership

The law deems that a partnership can exist where people act like partners, even though they have never explicitly agreed to form a partnership. A partnership exists when certain factors apply:

- a business is being carried on; and
- the business is being carried on in common (either by the partners or by an agent acting for them); and
- the aim of the business is profit.

Although you don't have to comply with any formalities to set up a partnership, it is wise to draw up a written agreement. It should specify the obligations, rights and liabilities of the partners in case of disputes, and such matters as capital contributions, entitlements to salaries, and rights when the partnership is terminated. (t.b.)

● less(少于)与 fewer(较少的)的区别已经过时了。在这种情况下改正是合适的,因为教科书用正式英语编写,但在大众或白话出版物上这种改动会被视为卖弄学问。

● 章节标题只有当需要和书中其余部分保持一致时才需作改动。

● 如已提到的,对作者与编辑的改动用蓝笔作标记,对排版错误用红笔作标记是一种习惯。

校对方法

读校样的传统方法是一个"校对助手"向校对员大声读正文,用轻敲暗号说明大写字母、斜体字,等等。现在很难获得这种帮助,因此你不得不用眼睛核实所有事项。

读初校样

开始将校样摆在你的面前,已编稿放在一边。将有关文档放在伸手可及的地方——字体规格、单词表、排字样本。按照前面解释的方法在校样上作标记。你可能选择十分彻底地读一遍正文,或以稍快的节奏仔细检查两遍。校对中的主要困难是你看到你所希望看到的。正如我们在第 2 章阅读中看到的那样,当感觉引导你希望是单词 conversation(对话)时,你很难发现其实是单词 conservation(守恒)。

当你做校对时,无论是正文还是排好的活字,在字的线下放张卡片以使眼部活动慢下来,并将卡片留在那儿直到你确信所有字母和单词位置正确且间距正确为止。在你标记一处错误后,重读行中的每个词以防其他错误藏匿。如果你知道需要查找哪种类型的错误,那么你会做的更好(第 10 章的"典型错误"部分)。

当你校对正文时,将校样的每一段与已编稿相对照以免有所遗漏。确定校样中可选择的拼写和所有数字,逐个字符地与原稿进行比对。含有许多数字的复杂资料,比如数据表,已重新输入,看校样时大声朗读的这种老方法是唯一有效的校正方法。

阅读每个词后，逐页地多浏览几次校样，以核对所有标准 E(见附录)上列出的要素。比如：

● 标题、表格、图片、插图说明：如果书中有一系列复杂标题，仔细检查校样而且只看标题，以便核实各方面——层级、措辞、大写字母、字体、周围间距——与已编稿和字体规格说明相一致。依书而定，你可能不得不分别进行操作以确认表格、图片和插图说明。

● 尾注编号：确认正文和注释中上标数字的顺序，保证每章中的最后一个数字与尾注的最后一个数字相匹配。

● 页眉：校对页眉，根据目录和章节开篇来确认它们的措辞、格式。如果页眉需作改动，不必要标记每一处；只要标记第一个改动处，增加一个这样的注解，如“修改右页眉直到章节的结尾，第 43 页”即可。

● 排版设计：再次逐页检查，只看排版设计：标题上下的间距、插图、目录等，字距，寡行及孤立标题，插图的放置，表格和目录里的拆分。检查断行和单词拆分。没有两条相继行可以以连字符结尾或以同一字符开始或结束的；通过接收或取消音节和词来调整定位，或最后一种方法——改述。不要用连字符号结束一个奇数页。

单词分割(一个单词在行末尾被断开)是一个包括复杂规则和许多例外的领域。单词加工程序无法达到精细，却可能产生像联合悬挂(coathanger)一样的难题。与其依据每种情况的规则作决定，倒不如参照说明单词拆分的字典，如《柯林斯英语拼写精选字典》(Collins Gem Dictionary of English Spelling)以节省时间。

最后一项任务是校对初始页，这相当复杂。字体越大，就越容易遗漏排印错误；仔细校对每一个词，复核排好的活字。参照相关页以确认措辞、正文目录和插图目录的页数。在初始页中很多地方会出错——作者姓名拼写、改过的书名、页面顺序、页码、页眉、缺少的图书在版编目(CIP)数据或赞助商——因此要进行检查并复核。

核对初校样

编辑也许会做校对工作，也许不会，但他们的任务通常包括核对初校样。在这一过程中，你应反复考虑作者和校对员所做的改动，并向排版工人讲清楚，使之协调。

如果作者的改正是多余的,不要害怕否决它们。校对是一次改正排版的机会,不是为了改进散文,你应当在作者收到校样前让她清楚这一点。在极端的情况下,当作者执意在校样中作广泛改动时,成本可以由她的版税来支付。

编辑同样要根据质量要求来复查校对员的改正。比方说,在一项廉价的工作中,你可能会遗留下不一致的大写字母或连字符,如果该词很少使用,意思很清楚,两种形式不要出现在同一页或分别在两页里。

核对一本普通大小的图书的校样通常需要两三天时间。一般地,你收到已编稿和两套初校样,一套是作者的,另一套是校对员的,以及字体规格说明和单词表。如果是合著者、出版委员会或外界专家,你会收到另外的校样;在这种情况下,应阐明优先考虑哪套校样。

这里是一个核对校样的系统化过程:

1. 标注你已收到的:首先将所有这些纸质文件标注为"已编稿","初校样,作者的",等等;添加日期。

2. 将所有的修改信息转移到一套校样中:选择标注最清楚的一套校样,通常是校对员的,作为做标注的一套注样。将其放在自己面前,把作者的那套校样放到一边;逐页仔细检查两套校样。评估作者的修改,将其中必要的部分转至那套注样中,使用要求的彩色代码。如果必要的修改引发页码或其他问题,在那套注样中用铅笔做标记以便稍后引起注意。对其他任何校样都可以重复这一过程,直到将所有你赞成的修改添加到那套注样中。

3. 核对所有改正之处,解决问题:再次逐页仔细检查那套注样,确定包括校对员所做的所有标注是必要的、正确的,笔迹易认且清晰。接下来,处理校对员的疑问,解决由修改引起的任何问题。如下所述,根据需要按照版面容量组排(稿件)。这一步,你的目的是确定除了半打左右的确太困难的问题之外的每一个问题。

4. 检查标题、表格、图片、插图说明、页眉:确认校对员做了彻底的检查工作。如果没有,如上所述确认这些部分。

5. 核对排版设计:再次逐页检查那套注样以评估排版设计,以防校对员忽视某些事项。在这一步骤中,解决所有未解决的问题;如果还有遗留问题,做上标记以引起设计人员或出版商适当的注意。

6. 检查初始页:如前所述,在这不多的几页中有许多工作要做。校对员也许不知道出版社的风格,或者疏忽检查诸如页眉一类的细节。花些时间仔细检查,使它们绝对正确。

7. 标注修改过的校样:将做标记的那套注样清楚地标为"标记过的初校样:使用这些来校正"。

这里描述的校对听起来相当系统,但当一本书的校样成批到来,而且持续到很晚时,困难的程度就会急剧上升。我记得一本几千页的经济学教材的校样,有两位作者及一份排得满满的日程表。两周里我每天收到成批的校样,有来自阿德莱德和悉尼的作者的,也有来自拜伦湾的校对员的,我不得不核对并在 24 小时内转寄给在墨尔本的排版工人。作者的修改相互矛盾时,我必须判断哪一种更可取,还要认真记录格式选择,以便后面成批的校样可与前面的保持一致。令人惊讶的是,在没有障碍的情况下将其全部搞定,我们还确定了出版日期。

有时你要在核对后的校样一完成就移交给出版商,但通常你会将它们保留直到完成索引。作者在这一阶段经常会感到疲劳,需要得到鼓励。

长 修 改

如果作者要求校样上的修改长于一至两行(出版商赞同),就应为排版工人准备电子版,把校样打印出来。如果有多个需要插入的校样,在校样里键入副本 A,副本 B,等等,因此:

1. 准备电子版。幸运的话,作者会将修改部分以电子版的形式发送;如果没有的话,你必须打印出来。任何一种情况,都需要进行文稿编辑以便与原文相符合。

2. 在电子版中,在小标题下安排新的材料,像"副本 A,包含在校样的第 179 页"。

3. 给电子文档起一个描述性的名字,比如"初校样附加部分"。

4. 在相关校样上,在适当的位置标注写明"初校样的附加部分包含在副本 A 中"。

确定发送文档,以及与校样完全相同的打印稿。

组 排

根据版面容量组排校样是编辑而非校对员的职责。这是对你灵活性的挑战。作者似乎认为页面是可伸缩的,但每一页只能容纳特定的行数。当一些修改——增加或删除一些词或改动一个标题——产生附加行或移行时，就需要进行组排。除非做弥补性的改动，否则小的变动就可能意味着整章，很可能是整本书，必须重新编页码。决定增加一个新内容或移去一段话或一个插图都会导致较大的混乱。

假如改动是必要的，编辑必须添加或删除行以将页码的混乱减至最小程度。组排也同样需要，以便将脚注放在同一页作为它正文的说明。

如果你完全确信组排有必要，在用墨水标记前用铅笔草拟并校验所有的章节是一项明智之举。像这样处理：

● 检查存在问题的页及其前后的一两页。确定他们是右页（奇数页）还是左页（偶数页），确定正文行来回移动是否可能导致不协调的中断，或是将插图与相关正文分离，或是产生寡行或孤立标题。

● 如果问题页在章节末尾一至两页，你的工作会很简单。只要逐页地在适当数量的正文里标上“取消”或“接收”，直到章节结尾，检查在这一过程中没有产生寡行或孤立标题的情况。

● 如果问题页不是靠近章节末尾，或者如果章节的最后一页已经是满页，你就只好作些调整。首先，看是否能容许你对标题和插图周围的间距作一些简单的再调整，或是在问题页、邻近页上作改动。

● 倘若不能的话，你就必须编辑正文。删除一行，寻找一个带有短转行（最后一行）的段落，看能否删除足够多的文字以便使短转行退回到前面一行。假如作品写得非常优秀，这一步的确很难做到。添加一行通常更容易些：寻找带有转行较长的段落，增加一到两个词；或者看你能否将一长段文字分成两个段落；或者，如果字距紧凑的话，指示排版工人用额外的间距重排段落，以便增加一行。

● 最后一种手段，迎面页可以是一长行或一短行。

当你为组排而在正文中作改动时，要向排版工人解释你在校样上做的注释，比如“这些改动是为下页的调整腾出空位”或“将迎面页均匀地控制为一行的长度”。如果排版工人知道你试图做的调整，她可能会想一个更好的方法来完成。同样，她会知道如果有新的变化，她会忽略你的这些调整，比如插图的移动，使其成为不必要的部分。

理想的情况是，直到书的最后校样才准备索引。但通常是当作者在编索引时，你正在进行组排。当你收到索引副本时，你必须核对与所有改动页相关的索引项，并在索引中改正页码。假如小标题或图片已从一页移至另一页,应在目录或者插图目录中修改页码。

解决版面设计问题

页面看起来应该具有吸引力,正文、插图以及间距的安排有助于意思的表达。比方说,当两张图片仅被两三行讨论隔开时,应将图片合在一起放在页面顶部或底部,并将关于它们的讨论合并起来放到前面或接下来的正文中。有经验的图书排版工人会这样做,桌面出版商可能就需要一些说明。

在调整过间距的正文中,词与词之间的间距各不相同。在紧密的地方,字距相当于一个全身铅线长的四分之一,或大约一个逗号的宽度。在松散或"空荡"的环境里可能会产生大量的垂直空间,将读者的视线吸引到页面上并阻碍对阅读来说必不可少的横向运动。如果你信任排版工人的话,标记需做调整的行与段落,在页边空白处写上"间距"。倘若需要详细说明,简要地说明单词的拆分,在特定的单词或字符上注明"取消"。

版面设计问题可以通过改变正文来解决,如上面的组排里所描述的那样。

核对二校样

如果第一轮校对作了大量的修改,就需要进行第二轮校对工作。不要逐字校对二校样;只要核对所有的改动都正确,没有产生新的差错就行了。检查修改处前后的行以确保没有放错位置。如果任何正文或图片被移动,就应根据初校样与每一个正文行的开头进行比较,从而确保没有任何东西被遗漏或放错位置。

再次核对初始页。假如页码改变了,要改正正文目录、插图目录和索引中的页码。核对的范围也没有改变。我曾经编辑过一本有许多问题的教科书,仔细做了六轮校对;由于某种原因,在这一过程中获得了两个额外的页面,引起了最后一分钟的恐慌。

调整为偶数操作

因为图书通常用容纳 16 个页面的大纸印刷,最好力求页码的总数是 16 的倍数,称为偶数操作。假如多了一至两页,印刷工必须增加至少半个书贴,通常大部分为空白页。小的调整经常能避免此类不必要的成本。解释这点的最佳方法是举例。

假设你有一本书的单页校样,当你收到索引时,会意识到它比预想的大。你的预测表明这页太长而不允许偶数操作。现在无法改变正文页码,既然索引已经编了,因此可供选择的方法有:

- 在索引中删除55行。
- 在书中增加一个8页的半个书贴,其中7页均为空白页。
- 调整初始页。

显然第3种选择是最简单且花费最少的。初始页的顺序在表8.5中有说明,它也说明了两种可能的解决方法。第一种,题词被移到面对正文第一页的左页,因此省下了现有初始页的两个页面(第5页和第6页)。第二种,缩略词表被移到插图目录的左页,又节约了两个页面(第8页和第9页)。最后一种途径,你可以将题词放到版本记录的顶部,用大号字和空白将其与出版物信息分开(省下第5页和第6页),但结果似乎不便操作,而且会遭到作者的反对。

假如无法在初始页中节省页面,另一种选择是将部分或全部书末资料调整为更小号的字体或者排双栏以获得必要的空间。

表8.5 调整为偶数操作

现有的初始页	方案一	方案二
i 副书名页	i 副书名页	i 副书名页
ii 系列注释	ii 系列注释	ii 系列注释
iii 书名	iii 书名	iii 书名
iv 版本记录	iv 版本记录	iv 版本记录
v 题词	v 目录	v 题词
vi (空白页)	vi 续目录	vi (空白页)
vii 目录	vii 插图目录	vii 目录
viii 续目录	viii (空白页)	viii 续目录
ix 插图目录	ix 前言	ix 插图目录
x (空白页)	x 续前言	x 缩略词表
xi 前言	xi 缩略词表	xi 前言
xii 续前言	xii 题词	xii 续前言
xiii 缩略词表		
xiv (空白页)		

后期校对阶段

自由编辑人的职责一般来说以完成二校样而结束,后面的阶段如送印本和机器或打样都在出版社检查。对于有大量插图及彩色出版物而言,这些步骤尤其重要。本出版社编辑检查先前阶段所有的修改都已完成,没有新的差错产生,并且确定颜色、位置和图片大小使用准确。《体例手册》的第 25 章有更多关于校对及图书印前阶段的细节。

当样书交付时,改正错误已经太晚了,除非这些差错非常重大以至于要停止印刷——比如图片倒置或遗漏了书页中的一个书帖。在严重情况下,在这个阶段发现的重大事实或属性错误可以悄悄地在初始页加进的勘误表中更正,但这代价太大而且看起来就是外行。

9 编辑加工方法

在第4章我们已讨论过对内容和结构方面的要求，语言方面的要求也在第5章论及。本章将详细解释编辑过程各构成环节的任务。虽然颇为主观地将其划分为文稿编辑、文字编辑和内容编辑，但是这些编辑方法常常交错在一起，编辑在处理原稿时可能会综合运用这三种编辑方法。

文稿编辑：十二步法

文稿编辑是编辑过程的核心，包含使任何书稿得以出版的必不可少的基本工作——纠正拼写和语法错误，检查不准确、不一致的地方。文稿编辑可以在不同程度上进行，这取决于原稿的质量以及可利用的时间和资金。文稿编辑既包括语言文字方面的编辑加工，也兼有内容方面的编辑加工。文中给此类原稿提出了乐观的建议，“这只是一种单纯的文稿编辑——没有必要做太多”。

这里我将介绍一套系统的文稿编辑步骤，它适用于各项工作，在实际操作中我时常会作些调整，必要时添加一些步骤。这不是一项特许权，只是一种适合于自己工作方法的模式，用以提高工作效率。因为每种出版物都不尽相同，所以强调它们的相似之处能使你专注于其显著的差异。将你的精力用到这上面，能够增强其优势。如同惯例一般，将同样的模式运用到每一项使你注意力集中的主要事情——但是，类似于惯例，就本质来看这一过程是不会结束的。

下面描述的粗加工和精加工(Rough and Smooth Edits)都是纯理论的:它们可被称为第一和第二。它们描述的不是一种绝对的状态,而是根据你从何处开始而取得的编辑成就的层面:一篇没有经过粗加工的优秀稿件可能比一篇经过粗加工和精加工的拙劣稿件更加完美。粗加工的目的在于确认问题所在并解决所有简单问题。正是由于修改了明显的差错,在进行精加工时,稿件读起来会更加流畅。这样便于发现更加细微的差错,并决定什么时候提交作者处理。

1. 稿件的评估

评估书稿的方法在第4章进行了详细介绍。直到你有设计方案、详细的编辑大纲(第3章)并且已经和作者讨论过你提议的改动以后,再开始编辑工作。此刻,也要询问缺少的任何副本——致谢、许可、参考书目。谁负责制作付印稿,追查缺失部分是你的职责吗?

2. 做标记或应用格式

正如第8章里所解释的那样,做标记是编辑和设计人员用来向排字工人解释作者意图的一种手段。

从头至尾通读原稿以区分正文和非正文部分。区分非正文部分——引文、表格、练习、插图说明——的传统方法是彩色代码,即用带有颜色的线条在左页边空白处画线。出版商也许会要求你在每部分旁边写设定的代码;这样一张表格里可以用TN来标记表格号码,TT表示表头,T1代表列标,Tab表示表格正文,等等。我将做标记视为一项独立的操作过程,充分阅读每页以确认各种要素。这一阶段我关注的是排版设计而不是文字。对文中的引文——上标数字、作者、日期——我也同样重视,这样稍后我能够根据注释、参考目录来核实它们。

作为标记的一部分我区分标题,但是在这一阶段我不会将它们划分等级,除非作者的方案的确简单而且应用连贯。取而代之的是,我在每个标题和小标题旁画圈。然后,单独的一个步骤,通篇仔细检查并在圈内写一个字母表示标题的层级。

你别期望在这一过程中发现所有需要标记的地方,不过你处理了所有明显的地方。接下来,把它们添加到你的编辑任务单里,并在设计人员和排版工人需要了解的地方做上标记。彩色代码和做标记是件好差事，但当你情绪不佳时就并非如此——比如周五下午，除非你可以应付得过来。依据原稿、一天中的时段和我的心情，我会一章一章地轮流做标记，并对正文进行粗加工。

在电脑上进行编辑，与做标记相对等的是应用格式。就标题而言，我用微软公司生产的文字处理软件中的预设功能——标题1等。如同纸质文稿一样，首先我同样侧重于确认标题，不要太在意标题的层级；稍后再回过头来改进层级，用Outline View（大纲视图）按升序或降序排列标题。如果出版商要求使用惯例格式，我便会通过作整体的改动来转换预设的标题。

3. 正文的粗加工

在对正文进行粗加工时不要慌乱，继续快速地读下去。你的目的是发现所有问题，解决所有毋庸置疑的地方，对其余的地方提出疑问或做标记。用墨水笔写，依据出版商个人的喜好，蓝色或红色的都可以，在编辑过程中各编写一份单词表和任务表。

在粗加工过程中你所能做的是一些显而易见的事——更正日期格式，将百分号“%”改成“百分之”，涉及结束引用标记时使用终止标点。在进行简单、明显的文字编辑工作，比如修改语法错误、修改使用不当的词语和标点符号时，应在所有被遗漏的地方补充做标记。当读到后面的章节时，你可以决定大写字母的使用，改变拼写并加以应用。倘若需要进行大量的文字加工，最好是添加一个额外的步骤，集中进行语法与词汇加工。

在所有那些不能尽快解决的地方做上标记，比如一些重复前面提到过的某些内容的段落，以及可能拼错的名字，以便稍后注意。当我遇到自己无法解决的一段复杂无聊的议论时，就用铅笔在旁边划一条波浪状垂直线。我用软性2B铅笔标出疑问；如果要影印或发传真的话，这种笔迹颜色很深，而且便于擦掉。

我将自己的疑问和说明有序地排列：对任何需要提交作者解决的疑问，我在原稿左边的空白处做记号；对那些我认为我能解决的问题在右边空白处做标记。同样，我经常在左边空白处标注图片和表格的位置。当你寻找这些标记时——比方说，去检查表格号码是否按序排列或设置一个特殊的问题时——翻阅稿件的一边较容易，而无需通过阅读每一页来查找和排除所有不相关的记号。

在电脑上，我使用 Comment（批注）功能来向作者提出疑问，在正文中键入 ××× 表示我必须涉及的问题。用有色字体标示未经编辑的段落和其他稍后需要注意的问题。留给设计人员的疑问和说明可用方括号括起来，并确定一定要在设计大纲里提及这些标记。如果有很多标记，你可以为其创建一个格式，名叫“图案注释”。

在这一阶段，进行整体改动很重要。众所周知，热心做整体改动会产生意想不到的结果。一本教科书将 TOR 拼写成 terms of reference，并做了新的、仓促的整体改动，这一改动被校对员所挽救，他对 unsatisfacterms of referencey 提出了疑问。因此，应尽早作整体改动，以便你能在后面的阅读中发现一些有疑问的地方。

4. 正文以外所有其他部分的粗加工

现在你对原稿中除正文以外的所有其他部分进行粗加工。在加工过程中，记下后面需完成的任务以及留给设计人员和排版工人的疑问和说明。

阅读参考资料，确认所有的难题并解决简单的问题。比如，参考书目的粗加工可能需要三至四遍，其间你专注于不同的格式并确定字母顺序。然后，根据参考书目和正文来检查注释，质疑任何不符之处，确定正文和注释中注释号码的顺序并加以改正。对于著者-出版日期体系，应根据参考资料目录检查正文中的引用情况（表 7.3）。

同样，对表格和插图进行编辑（第 6 章）。如果有超过二至三张表格，将它们全部从原稿中移出，再统一进行编辑以确保其一致性。对插图而言，要查看书中图片和插图说明并检查它们的排列顺序。编辑图片和插图说明。仔细检查原稿，在页边标记图片的位置。编辑书中图片的简要说明以及初始页中的插图目录（第 3 章、第 7 章），核实图片的引用是否获得许可（第 2 章）。

作为单独的一个步骤，应全面检查所有的大、小标题。确保它们与下面的正文相关，根据常识和格式予以改正；根据标题指南给它们分级（表 9.4）；并依据目录加以确定（第 7 章）。

最后，对初始页进行粗加工（第 7 章）。

5. 所有事项的精加工

你已经使原稿很像样了。现在你再次全面检查各个部分，但这次你的目的在于解决所有你能够解决的问题。因为先前你已解决了大部分令人分心的东西——拼写错误、语法错误、离题的大写字母——你可以将自己定位于读者的位置，专注于感觉，将书作为一个整体从更广的层面来看看。在这一阶段你完成所有剩下的文字编辑工作，改进叙述或论据里不一致和矛盾的地方。在此过程中也要将正文和非正文材料再结合到一起，这样你能判断两者的关系。

在编辑过程中试着解决所有未解决的疑问，尽管你通常会发现半打左右难以解决的问题。倘若文中的一个疑问或一段文字的确将你难住，就把它记下来，将其留到第6步去完成，然后你再决定是否容忍这个问题，还是提交给作者或设计人员处理。

在电脑上操作时，在这一阶段不要做任何整体的改动，因为这是你最后一次阅读。你仍可细查或替换，个别地调整每个例子，但在此过程当中造成的任何错误都将不会被发现。

6. 编辑适合作者的疑问

所有与作者的交流必须巧妙地用言语表达，你的疑问应当准确和清楚。疑问的提出取决于提问方式和作者的专业知识水平(第10章)。向作者解释她应该如何回复；如果她将直接在已编稿的电子版上作改动的话，她可能需要一份详细的大纲。

7. 文件的提供，原稿的附加部分

提供的文件包括图书的顺序、单词表、设计大纲、书中图片清单以及出版商需要的任何表格。设计大纲应说明彩色代码或你使用过的体例，包括图书顺序、单词表以及格式单。它可能还包含给排字工的关于作整体改动的说明，或者你可填写一份详细的字体规格说明(第3章)。

这一阶段里你所准备的原稿的附加部分包括页眉副本、护封和封面。你还必须为初始页准备一份插图目录、一份缩略语词表、插图说明或一份草拟的图书推荐广告(第7章)。

这一步骤可能会延迟,或将其中一些部分与前面的步骤合并——单词表和原稿的一些附加部分应当尽早准备,以便它们能连同你所提出的疑问一起交给作者。如果你赶时间的话,可以将大部分文件的提供留到完成第9步工作后再做,但最好还是趁你思维清晰时尽可能快地完成它。这一阶段重读编辑大纲和所有信件、邮件同样是明智之举,不过要确保你完成了所有要求做的工作。

现在你把工作放到一边(第10章),直至收到作者的回复。

8. 编入作者的修改内容

编入作者修改内容的方法取决于生产过程(表10.1)。在纸质文稿上你可以用清晰的笔迹抄写;在电脑上,你在电子版里做改动。在任何一种情况下,都要仔细地阅读修改结果以确保自己没有犯任何错误。当编入作者的修改内容时,你需要将修改前后的两份稿件加以对比,运用第10章中描述的方法。

9. 最后的通篇检查

在完成了作者要求做的改动后,你的工作即将结束。也许你还有一些关于含义、格式或图案的未解决的疑问。因为工作即将完成,你要下定决心解决它们,或是自己解决疑问或是提交作者或设计人员处理。(当然,我们希望在这一阶段没有任何遗留给作者的疑问,但偶尔与其为了两三个次要的问题而将整个工作拖延,还不如将这些问题留在校对时解决。)

在纸质文稿上全面检查原稿的每一页以及所有零散处以确认任何说明和遗留的问题都易读且清晰,当然它们是用笔圈起来的(意思是"没有解决"),而且向作者、设计人员或排字工人做了适当的标记。还要查明没有遗留不必要的标记。

同样,在电脑里,搜索×××或所有你用来标记疑问的记号,确认它们已经解决,并擦去这些标记。如果你使用了Track Changes(跟踪修订)工具,应确保所有的改动都被接受或被拒绝了。在此过程中,进行拼写检查和语法检查(查出遗漏的和放错位置的单词),去掉词与词之间的间距。在最后进行这一步骤很重要,这样它们能捉住任何由于编入作者修改内容时产生的差错。

确定你已准备好所有需要的附加部分，编辑完成提供的文件。当你已经在纸质文稿上做完编辑工作后，就可直接进入第 12 步了。

10. 打印稿

对于用计算机进行编辑来说，还需要附加一个步骤，这对原稿质量的控制至关重要，即打印出已编辑稿后，根据理解将全文浏览一遍并做标记（第 8 章）。你可能会发现错误：有时候你可以根据在编辑大纲中达成的协议，简单地将其标出并把它们留给排字工人校正。应在打印稿的书前辅文中注明“在纸质文稿上作的改正还没有在电子版中完成”。

11. 校对

按现代的生产方式，出版商希望编辑承担曾经由排字工人、校对员和排版工人所担负的责任。第 11 步超出了对原稿进行编辑加工的传统定义，产生了初校甚至是二校，把这一工作带到生产过程中的后一阶段完成。

● 初校：编辑大纲会要求你校对打印出的编辑稿并输入修改的内容。校对方法如第 8 章所述。你无需重新打印，除非改动的地方很多。在打印稿的书前辅文中注明“所有标注在纸质文稿上的改正都已在电子版中完成”，并确保这是真实的。

● 二校：另外，可能要求你打印并校对修改后的书页。

12. 发送或移交

现在你已经进入到最后一步。填写移交表或写一封附函列出所有遗留问题，比如仍需要交来的副本或未解决的疑问（第 3 章的“附函”部分）。记录在编辑过程中达成的会改变成本的任何决定，比如增加图片的数量。在这一阶段，自由编辑人应准备好发票。

当以电子邮件附件的形式或存储稿件的磁盘发送稿件的电子版时，应确保你发送的是最终的定稿，并包含所有必要的文件。打印稿应与电子版精确地一致。对于邮件或送快件的人来说，应将编辑好的稿件、书中图片、文件、发票和磁盘叠放在一起，并确保各个部分都齐全且正确，将其打包（第 10 章）并发送。

文字编辑

人们谈论编辑工作的神秘、思维态度以及做一名优秀的编辑天生应具备的直觉。有些人认为编辑工作是一种职业或一门艺术。它不像绘画或创作是一门富有创造性的艺术，但可视为是一种类似表演或外科手术的能动性艺术。依个人来看，我将其视为一门手艺。

当我做编辑工作时，我会问自己一系列关于每一个句子的问题。这依据编辑内容是会计教材、诗体小说还是学术性传记而定。

● 这个句子有必要吗？

● 它应该放在这段里，在这个标题下，在这章吗？

● 它和前面的部分有逻辑上的关系吗？

● 表达是否准确且简洁？它是否书写规范且语法正确？使用规范的书写。

● 其内容是否正确无误？

● 其内容需要添加参考资料吗？（好，若是诗体小说，我可能不会这样问。）

● 句中包括任何需要做解释的专业术语吗？是否在正文中、脚注中或词汇表中？

● 它是否与书中其他地方的表述相矛盾？

● 它与书中其他部分在术语和格式（拼写、大写字母、连字符号）上是否一致？

● 它是否包含任何需要核实的互见参照（与另外的章节、表格、插图）？有必要添加互见参照吗？

回答这些问题的过程被称为文字编辑或版面编辑，它是文稿编辑的一个构成部分。

文字编辑要求注意力高度集中，而且会令你精神疲惫。倘若我一天做超过 6 小时或 7 小时的文字编辑工作的话，便会开始犯低级错误。应穿插着做些技巧性低的工作，比如通信、做标记和整理图片。

文字编辑工作可以在不同的层面上进行，有些工作需要介入，有些需要精心处理。文字编辑的水平在一定程度上取决于写作的质量，部分由预算决定。如果出版商要求快捷但质量不高的编辑工作或预算相当低的话，你只能改正最明显的错误。通常我们很容易比预算允许的程度更加仔细地加工语言文字。进度表（表 3.1）使你能够管理编辑过程；如果落后于文字编辑允许的时间,那你不得不别那么过分注意细节。如果那些错误是可以容忍的话,就把它留在那儿。你也许会因要放弃改善正文质量的机会而感到心痛,但你只能按照付费进行工作。

接下来,我们看看三个表现不同程度文字编辑的示例。每种情况里列出的编辑过的版本只是众多可能性中的一种。为表达清楚我将句子分行显示,但实际上它们是连续的。

中等程度

通常情况下有时间做中等程度的文字编辑工作,如表9.1所示。例句里轻松、口语化的语气适合于目标读者,因此不需太过在意。我只是转换文字,直截了当地表述第2句和第4句,并对后面两句稍加改动。表9.1中编辑过的版本是在限定时间内能做的工作,而不是无休止的无聊论述。如果有一笔更大的预算经费的话,作品可以作更进一步的改善——第3句,其表达不流畅的动名词和令人扫兴的结尾需要改述——但实在没时间做这项工作。

表9.1　中等程度的文字编辑:TAFE教材关于顾客服务

原　文	编　辑　后
〔1〕你也许已开始意识到销售是件复杂的事。	〔1〕你也许已开始意识到销售是件复杂的事。
〔2〕你不仅要掌握所销售的每件商品的标准性,还应了解影响顾客行为的因素。	〔2〕你不仅要掌握所销售的每件商品的标准性,而且应当了解影响顾客行为的因素。
〔3〕表现满足顾客的实际需求的优势并不是件难事。	〔3〕表现满足顾客的实际需求的优势并不是件难事。
〔4〕你会发现,当你经历更多实践后,一旦你选择提建议,便会对主题非常熟悉,能感觉到轻松并享受过程。	〔4〕当你经历了更多实践后,你会发现,一旦你选择提建议,便会对主题非常熟悉,能感觉到轻松并享受过程。
〔5〕直接说出顾客的难以捉摸的需求有点棘手。	〔5〕应对顾客的难以捉摸的需求有点棘手。
〔6〕作为一个新手,你如何了解这些需求?	〔6〕开始时,你如何了解这些需求?
〔7〕重申一下,你主动听和问的本领是关键之所在。	〔7〕重申一下,你主动听和问的本领是关键之所在。
〔8〕训练自己仔细听每位顾客所说的,并思考他或她为何选择那些特定的词语。	〔8〕训练自己仔细听顾客所说的,并思考他们为何选择那些特定的词语。

最大程度

相反，表 9.2 显示的是一篇需要做大胆改动的原稿，而且有足够的经费。在编辑过的版本里，每一句都已重写。作者的遣词造句有些冗长：为使其语言更加流畅，编辑时将字数几乎减少了 20%。如果删节能贯穿始终，那这本书篇幅会更小，生产成本也就更低。

表 9.2 最大程度的文字编辑：工程高级职员手册

原 文	编 辑 后
〔1〕执行机构的信息被视为比社团认为的更加重要，但重视程度不及管理机构。	〔1〕执行机构比社团更加重视信息，但重视程度还不及管理机构。
〔2〕此外，信息相对充足，因为和工作本身有不断地联系，因此书面语言表达与社团现实中经历丰富的代理人员的直接经历相关。	〔2〕在这一层面上，因为和工作本身有不断的联系，所以信息相对充足；书面言语表达与社团现实中代理人员的直接经历相关。
〔3〕由于他们与人和工作不断地接触，执行机构职员也许会假设把无条理的或不完整的报告留给合伙人。	〔3〕因为对形势的熟知，职员会在其报告中做假设，对于那些没有内部知识的人来说很难理解。
〔4〕重视信息需求以支持执行的需要，与应负责任的需要或培养合作者、捐赠者相反。	〔4〕这一阶段信息需要被执行，而不是需要负责任或培养合作者或捐赠者。

较小程度

有些材料需要做轻度的文字编辑工作，而且有些出版物无法支付更多的费用。如第 5 章所述，文字记录的编辑工作需要特别注意。表 9.3 显示为如实反映演讲者的表达，编辑如何通过附加标点符号和审慎的插入语来使阅读变得更加顺畅。

表 9.3　不规范的英语在语言方面的小改动:原住民故事摘抄

原　文	编　辑　后
〔1〕关于食火鸟有许多的故事,当我们捕猎食火鸟时,那可是件赶早的活,在太阳升起前起床赶路;行走数里去捕捉它们,我们去其最爱的饮水处,它们通常在那洗澡,做晨浴及诸如此类的事情。	〔1〕关于食火鸟,有许多的故事。当我们捕猎食火鸟时,那可是件赶早的活。 太阳升起前起床赶路。 行走数里去捕捉它们。 我们去其最爱的饮水处,它们通常在那洗澡,做晨浴及诸如此类的事情。
〔2〕这确实是一个专业活,神枪手的工作,真正的猎手知道怎样捕猎那些食火鸟,因为食火鸟非常稀有、罕见,你很难捕获它们。	〔2〕这确实是一个专业活,神枪手的工作〔使用枪〕,真正的猎手知道怎样捕猎那些食火鸟,因为食火鸟非常稀有、罕见,你很难捕获它们。
〔3〕部落里大约五分之三的人都是专业捕手,他们去干涸的小河河床或饮水处守候。	〔3〕部落里大约三至五人是专业捕手,他们去干涸的小河河床或饮水处守候。
〔4〕所以猎手们能做的仍是赶早;爬到饮水处附近的树上,食火鸟会在日出前去那里饮水,猎手们爬上树,会看见食火鸟来到饮水处,小鸟,母鸟,所有的食火鸟,过去甚至袋鼠也常来,猎人在树上等待,食火鸟中有两只是卫兵,站在两边,当其他鸟去饮水或游泳时,它们左看看右看看,寻找着,它们很聪明。	〔4〕所以猎手们能做的,仍是赶早,爬到饮水处附近的树上,食火鸟会去饮水处。 猎手们日出前爬上树。 他们可以看见食火鸟来饮水处,小鸟,母鸟,所有的食火鸟。 甚至袋鼠过去也常来。 猎人在树上等待。当其他食火鸟去饮水或游泳时,其中的两只是卫兵,站在两边;它俩左看看右看看,寻找着。它们很聪明。

专门内容

通常在阅读时注重内容词,略过功能词。在进行文字编辑时,特别是编辑专门的非小说类出版物,有效的方法是将其倒转,读句法而非词语的意义。当采取这种方法阅读时,你忽略大部分名词、动词、形容词和副词,而关注功能词和短语,从语法上局部地分析每个句子以揭示其框架。你脑中吸收一些诸如此类的东西：

> 认识到这点很重要，大黄是大黄叶梗的产物，大黄叶梗在其中起关键作用，因为大黄叶梗中含有大黄。

这种阅读方法使句法和句子标点符号显现出来，这样你能看到是否需要改正。如下例：

● 引导性短语，“It is important to recognise that”（认识到这点很重要），也许可以删除。

● 关系代词“which”提醒你注意关系从句需要用逗号引起（除非是限制性从句）。

● 绕圈子的话“played a vital role in”（起关键作用）和“due to the fact that”（由于事实）可用“shaped”（造成）、“influenced”（影响）和“because”（因为）等词代替。

● 表示被动语态的词“by”，如果可能的话应该改成主动语态。

当然，随后你要按正常方法重读一遍原文，解决词语意义及术语的用法。

内容编辑

内容编辑可以定义为对出版物的结构、内容、语言及格式进行加工，以便目标读者会感到出版物引人入胜，因为它清晰、有趣、令人难忘、逻辑性强而且通俗易懂。实际上，这是作者的本职所在。这种要求非常明显，它通常需要编辑、作者和出版商三者间的密切合作。

内容编辑可以在不同层面上进行。它本质是观念上的，需要有丰富的想象力和开创性的思维。内容编辑并不是什么高深的学问。结构编辑看上去像木工活——仔细观察纹理，将部件制成形状以待安装，用鸠尾榫将木材接起来，用砂纸把所有部分磨光滑。

在最简单的层面，内容编辑包括更改书名以反映其内容：比方说，将“The Backyard Goat”（后院的山羊）改为“Making Cheese at Home”（在家做奶酪）。这一层面的另一端是大胆的编辑，编辑实际上是根据作者提供的注释写书。对于这一层面介入的程度，你必须对材料有深入的把握，才可以全面地重新排列与组合标题、正文部分以及个别段落和句子。内容编辑和文稿编辑两者间没有明显的界线:所有编辑都建议结构上的改动如同调整标题层级、交换正文与插图说明、注释或附录间的信息一样。

电子出版物的内容编辑要求在计算机编辑、调整正文结构和对版本控制等方面具有高水平的专业知识。最好在篇幅短小的出版物或那些几乎每段都有一个标题的出版物比如教科书和手册上锻炼你的专业技能。

确定问题的症结

在开始内容编辑前有一些重要问题需要回答。[1] 你必须有一份详细的工作计划(第3章)。从中你可以知道出版物的规格——价格、范围、开本、图片、纸张、印数以及工作的时间安排。另外,你想了解:

- 现行的规格:字数、图片数
- 其他人对原稿的看法:请教出版商,获得读者报告
- 作者是怎样的:请教你的委托人,阅读工作档案,与作者沟通
- 将以何种方式修改原稿的内容
- 有多少可支配的时间与金钱
- 作者是否包含在内

假设你已回答所有这些问题,并且检查了原稿。你知道自己所做的,清楚要使其成为一部优秀的作品该做些什么。你已经安排作者或其他人补充缺少的材料,并且已达成协议,可以提前开始内容编辑工作。那么,现在你必须投身其中了。

结构分析

通过你对分类层级(表4.1)的理解来建立标题指南,如表9.4所示。其目的是揭示结构错误,使你能够评价其所包含的范围、比例。比如,作者可能:

- 试图承担力所不及的事(贪多嚼不烂)
- 超额完成任务

[1] 此段落中的一些部分引自简·阿穆斯在维多利亚编辑协会的专题研讨会中所做的陈述。

● 记起某些先前她打算说的话，随便把它放在哪里，以便保存重编后或重写后的内容

● 将一个全新的主题插入到与其完全不相关的主题名称中

● 突然转变排序形式——比如，从按年代顺序排列变为按主题排列

在作者列标题的地方，谨慎地直接将它们转至标题指南。首先，核实它们的确描述了后面的正文。需要进行内容编辑的作者有可能为了顺应标题“植树”而去讨论盐度、野生动植物地带、陆地再生、生物多样性，甚至地形的变化。

一般来说，标题指南对于文稿编辑工作并不是必要的，但在内容编辑里，它对于计划你的工作，向出版商和作者解释计划的改动是极有价值的。内容编辑不仅仅包括重新排列标题层级，而且标题指南是一项重要的工具。在指南中列的标题不必一定在书中出现；它们可能像脚手架，在建造过程中十分必要，而放在成品中则令人费解。

准备标题指南

标题指南只与编辑过程有关，并不是伴随原稿设计和排版的文献中的一部分。

指南通过缩排显示原稿中使用的标题与小标题的层级关系。一个典型的章节应该有不超过6个的主要小标题，这些小标题的小标题也不需要超过6个。一旦使用了一个小标题，它就适用于后面所有的材料，直到有同等的或更高层级的标题出现。

一级小标题称为A，二级称为B，依此类推。如果有二级连续标题——比方说，加框的正文或练习——标上X，Y，Z。第三级连续标题——比如，在书末资料中——就可以标上AA，BB，CC。指南无须说明每一个标题的层级，复制D级及以下标题就显得冗长乏味。指南最好保持在两至三页，这是一个易管理的长度。通过在它们的起始页标上页码来方便地显示长度与部分的位置。

微软公司生产的文字处理软件中有一个结构编辑工具叫大纲视图，当你将标题按照格式安排后就可以使用了。在大纲视图中，你可以用鼠标点击创建标题指南，排列出所有标题或仅仅是主要的标题，或是标题加上正文的第一行。你可在工具栏里点击来提升或降低标题，将标题和相关文章从一个地

方拖到另一个地方。如果你不十分相信这个工具,把章节拷到文档里再继续对其进行编辑。大纲视图对标题的编辑来说同样有效,使你能比较它们,改变措辞以使其连贯或者把大写字母改为小写字母。

如表 9.4 所示,在典型的标题指南里,章节标题与左页边齐平,标题 A 缩排在第一,标题 B 缩排在第二;页数暗示了其长度。大纲视图利用一套活字和缩排来区分标题层级,但没有显示其长度。在表 9.4 中,注意到层级并非机械地应用而是从内容中显露出来。比方说,绪论只有一级标题,你可用 A 表示。但将它标为 A 会夸大其重要性,在视觉上压倒后面的小部分内容,所以标为 B。在第一、二章中,在标题 A 后不一定紧接着用 B。

表 9.4　标题指南显示两级小标题的一部分:关于警察文化的专题文章

分　类	原稿中的起始页
绪论	1
研究问题	4
研究方法	5
道德与政治问题	5
书的结构	7
1　多文化社会中的警察机关	9
警察种族歧视	14
无视语言和文化差异	18
偏见和旧观念	20
过度警力:不平等目标与骚扰	21
权利滥用和过度使用警力	23
少数组织对警察的态度	25
2　歧视和警察工作	28
反动警力	29
统计证据的问题	30
合法性和社会人口统计因素的控制	31
观察性的研究	33
社会缺陷、犯法和过度警力	35
制度性歧视	38
警力的组织	40
警察工作的合法性和管理重点	41
警察文化	43
与警察工作要求的关系	45

整理正文

在你合理地组织标题指南后，你就可以修改事实上的原稿以确保它与指南一致，排版或重新调整结构，按照下面的描述改变信息的表达。当你重新组织时，把指南放到伸手可及的地方，并不时地参照指南。正文的重新整理以及标题指南的提炼是一个不断相互作用的循环过程。

如果原稿需要做较大程度的文字编辑和结构编辑工作，应在你确定一个粗略的顺序后尽早做。在加工文字时，跳读（标记为未经编辑的）任何看上去出于某种原因要被舍弃的段落，比如重复或离题。文字编辑使你熟悉原稿内容和作者的思维过程及表达习惯，帮助你提炼标题指南。

在编辑过程中，你可能会删去一个段落，也很可能是整个部分。如果你使用剪刀与浆糊，将所有重要材料置于办公桌上，把其余的部分全部放到地上——你知道桌上所有的东西适合放在某处。在电脑上创建一个文档并命名为垃圾站或废弃站，将所有删除部分放到里面。在你将删去的文件存档前，如果有必要，再检查一遍其相关性及还原性。

将正文有序调整后，编辑连接部分、参考资料和插图，确保它们与正文相符合。通读整洁的打印稿上的所有部分，以确保没有遗留的内容问题。在内容编辑工作完成后，原稿仍需要经历部分或所有前面叙述的 12 个文稿编辑步骤。

编排结构

结构编辑往往由编排结构、建立框架构成。你该如何做呢？原稿多种多样，以至很难提出建议，但是这里有一条途径。

1　选取一大部分正文——比如 20—50 页。如果你能识别原稿的分类，选取一整章或一整节。选择少量看上去容易的部分，从中获得知识有助于你应对难度更大的部分。

2　确认或建立主标题，标为 A。确定每个 A 部分的起止位置。

3　判断标题 A 是否符合逻辑要求，或是否应当重排或移至原稿的另一部分。

4　选取一个 A 部分，确认或建立其中主要的二级标题，标为 B。

5　判断是否要将一些 B 部分移到另一个 A 部分下或原稿的其他部分。

6　你将会面对一大堆材料，可能是不同类别和标题，其中一部分但不是全部可归类为 C。

7　选取一个 C 部分。依此类推。

同样的编排结构方法适用于小说。一部叙述性小说,可能运用一些文学手法像倒叙、语态转换、审慎的重复。一个解决方法是将文章分成若干段或单元,用简短的几个单词逐一概括——“沙滩聚会”、“提姆与切西的第一次争吵”。这些概括可当作标题,像上面一样重新排列,不过,这些概括不会出现在书中。

重新安排结构

图书的结构编辑很难示范。在下文中,目录和页数代表着主题和不同的处理程度,使读者对编辑流程有所了解(目录的内容在第 7 章讨论过)。

有时,一本书的结构没有经过充分考虑,如表 9.5 所示。这本书的比例不正确,章节长度不一,从 4—80 页不等。正如我们在第 4 章中看到的,为使划分的章节有意义,章节的长度或多或少也应相当——至少应相互注意。我采用的解决方法已在表格中说明,但它并不是唯一的解决办法;比如修订的第 3 章、第 5 章能做进一步的分离。

表 9.5　错误的比例:农夫手册

原目录	页码	修订后目录	页码
1　数学的	14	1　数学	60
参考表,分数,小数,		算法　[全部第 1 章]	14
平方根		几何　[全部第 2 章]	32
2　几何图形的	32	经验法则　[全部第 3 章]	12
四边形,三边形,圆形,		平方和立方根　[部分第 16 章]	2
多边形		2　工厂	25
3　经验法则	12	混凝土　[全部第 4 章]	7
近似值,平均值,百分比,		焊接　[全部第 4 章]	2
各种规则		钢铁　[全部第 4 章]	2
4　应用	16	金属丝　[全部第 4 章]	8
混凝土,低温焊接,安装,		钉子和铆钉　[全部第 15 章]	2
用粘合剂固定镀锌的钢,		电力　[全部第 16 章]	3
电镀的以及其他镀层钢板,		圆锯的速度　[全部第 16 章]	1
术语表		3　农作物和牲畜	79

续表

原目录	页码	修订后目录	页码
5 金属丝常识	8	牧草 [部分第6章]	27
钢索,关于金属丝的常识		豆科植物 [部分第6章]	25
6 饲料作物	56	储藏的饲料 [部分第7章]	3
牧场,豆科植物,牧草		重量表 [部分第7章]	2
7 农作物说明	8	谷物和储存饲料 [部分第15章]	
储藏的饲料信息,浦式耳重量,			2
牧草以及农作物播种		果树 [部分第13章]	4
8 商业和法定权利	80	畜栏 [全部第10章,部分第6章]	
出租田地作为一种交易,资金,			12
保险金,法律事件		日志 [全部第14章]	4
9 气象学的	26	4 天气和水	36
气候模式,数据等,		[全部第9章]	26
如何看懂天气图		[全部第11章]	10
10 装蹄铁	10	5 商业与法律	80
马蹄铁U形物上有用的提示		[全部第8章]	
11 水的利用	10	术语表	3
多样的平地层,摩擦水头,		[部分第4章,第16章]	
转换水压			
12 概要	6		
澳大利亚航线,全球性地质时代。			
你是赛马爱好者吗?			
13 收获	4		
有益的转变			
14 日志	4		
日志价值和测量,每天产品的一般成分。			
牛虻表,动物脉搏			
15 重量	6		
测量谷物和原种,每千克钉子的数量,			
铆钉的重量			
16 易操作的提示	4		
圆锯的被推荐的速度,			
有关电的,期限的起点,			
加速统计			

相对立的极端是作者在脑中有一个预先确定的结构，并且通过曲解材料来适应它，如表9.6所示。同样，章节标题和页数表示不同主题所包含的范围。我已在左边的栏添加章节数，以便讨论。此书包含很多对读者和社团发展职员有用的信息，但它需要做大范围的内容编辑。这里是我使用过的一些策略，但再申明一次，我的解决方法并不是唯一的。

● 我将前言和绪论压缩、合并。

● 我把所有理论材料合并成一章（修订后的第1章），这样注重实践的读者可以跳读。

● 评价是好几章中重要的主题，因此我把所有讨论合并为一章（修订后的第7章），并以此命名以强调其重要性。

● 个别章节对技巧作了详细的描述，比如人格测试及预算，这干扰了文字说明的流畅性，因此我把它们移到附录中。

● 原来的第6章，"项目经理——发展"的内容是关于技能和培训。在整章里我用同义语替换单词 development（发展），以避免与书的主题"团体发展"相混淆。

● 关于团体磋商的详细而富有启发性的叙述被标题"工程管理——执行"（原第13章）下强加的结构遮蔽。我总结了它们的特征并重命名为案例分析（修订后的第6章），注意到它可能成为一个卖点。

● 参考资料已列出并注释在每章末尾，一些标题引用三至四次。通过使用著者-日期引证，我把每章的注释转换成简短的关于参考书目的文章，并将全部引文合并成一张单独的表放在末尾。

就这一编辑过程而言，我建议使用另一种方法，它没体现在表9.6中。每章参考资料包含一长列网站或URLs（网址）。它们在线显示比在纸上操作更便捷，在网上读者点击鼠标即可存取；在纸上，他必须用键盘将一长串文字正确输入浏览器。我建议把URLs从书中移出，并建立一个相关网页链接。这不仅使读者享受到更好的服务，而且URLs在电脑上比在出版物上可以更加频繁地更新。

表 9.6 复杂的结构：社团发展员工教材

原来的目录	修订后的目录
前言〔2 页〕	绪论〔8 页〕
绪论〔10 页〕	〔包括前言〕
词汇表〔8 页〕	1 背景和问题〔30 页〕
思想单元	〔第 1、2 章，第 6、7 章的一部分〕
〔1〕发展——背景〔10 页〕	2 有效的项目经理〔29 页〕
〔2〕发展——思想和问题〔15 页〕	〔第 3 章，第 4、5、6 章的一部分〕
〔3〕发展——关系〔15 页〕	3 组织管理〔32 页〕
下属人员单元	〔第 9 章，第 6、7、12 章的一部分〕
〔4〕项目经理——角色〔12 页〕	4 管理项目〔24 页〕
〔5〕项目经理——思考〔9 页〕	〔第 4 章的部分，第 8、10 章〕
〔6〕项目经理——发展〔15 页〕	5 定义和工程计划〔23 页〕
管理单元	〔第 11 章，第 13 章的部分〕
〔7〕组织管理〔10 页〕	6 案例分析：社团会议〔24 页〕
〔8〕项目管理〔9 页〕	〔第 13 章的大部分〕
〔9〕政策管理〔4 页〕	7 评价〔33 页〕
工程单元	〔第 14 章，第 5、12 章的部分〕
〔10〕工程管理——标准〔11 页〕	附录：工具和方法〔8 页〕
〔11〕工程管理——定义〔21 页〕	词汇表〔10 页〕
〔12〕工程管理——计划〔24 页〕	参考书目〔5 页〕
〔13〕工程管理——执行〔25 页〕	索引
〔14〕工程管理——完成〔15 页〕	

转换表达方式

内容编辑中一项有用的技巧是改变信息的表达方式。改变表达方式取决于读者的知识水平——对于他们而言什么是最好的？——以及信息实质和信息内容。正如标准 C2.3 的注释所指出的那样，制成表格的材料可能文本优于表格，表格优于数字充斥的文本，图表优于描述性的段落文字，附录优于与主题无关的大段文字或背景材料，如本书中的用法。当你再次计划做一份文档时，你可能会压缩或合并各节，或用不同的文体重写，或将其转换成清单或图表，以适应新读者群的需要。

表9.7显示了一本中学生物学教材中以3种不同方式表达的信息，分别是项目符号列表、附标题的正文以及正文表（即一张包含单词而非数字的表格）。所举的例子相当勉强，但你可看到其发展的可能性。如果这是所要求的，第2种选择为进一步详述提供了余地；表格可能是学生们最容易理解的（目录在第5章通过列举论述，表格在第6章讨论）。

表9.7　三种显示同样信息的方法：中学生物学教材

1. 项目符号列表

摄食生物分类如下：

- 草食动物从生产者中获取能量与营养物。例子有袋鼠、兔子、羊和牛。
- 食肉动物以其他摄食生物为食。澳大利亚的一种野狗和家猫就是例子。
- 杂食动物以生产者与摄食生物为食。例子有袋貂、猪和人。
- 食腐动物是一种以其他摄食者的遗骸为食的摄食生物。例子为袋獾。
- 寄生生物从另一种生物体上（寄主）获得它们的食物，通常以部分消化方式。扁虱是寄生在许多澳大利亚哺乳动物身上的寄生生物，槲寄生是桉树的寄生生物。

2. 附标题的正文

摄食生物

摄食生物根据其食物分类。我们来看看各种分类。

草食动物

草食动物从生产者中获取能量与营养物。例子有袋鼠、兔子、羊和牛。

食肉动物

通常被称为食肉者，这些"更高级"的消费者以其他摄食生物为食。澳大利亚的野狗和家猫就是例子。

杂食动物

以拉丁文omni命名，意思是"一切"，这些消费者以生产者与摄食生物为食。例如袋貂、猪和人。

3. 正文表

摄食生物根据其食物分类，如表格所示。

表格：根据其食物来源分类摄食生物

摄食生物	食物源	举例
草食动物	生产者	袋鼠、兔子、羊和牛
食肉动物	其他摄食生物	澳大利亚的一种野狗和家猫
杂食动物	生产者和摄食生物	袋貂、猪、人……

表述方式不仅能在印刷媒体上进行转换，而且能从印刷品转为电子版。关于单一资源出版的评论，见第 4 章。

其他不变因素

由于编辑程度与范围在许多因素上是因情况而变的，所以你必须经常权衡，艰难选择。当支持和反对某一特定做法有相等的好理由时，不要犹豫不决。如果必要的话请教作者与出版商，然后大胆地做出决定。

编辑工作中没有不容改变的规则，只有一些指导性原则可以在所有其他的条件都相等时加以应用。它们按字母顺序排序，而非优先顺序，因为其中一些部分相互排斥或矛盾。不要试着同时使用这些规则，仅挑选一个证明你必须做出的决定是有道理的。

- 不要引起作者反感。
- 不要为自己工作。
- 消除无意义的变化。
- 避开呆板的话语。
- 回避责任，让其他人做决定。
- 出版图书。
- 了解清楚。
- 如果可以容忍，就将它放在一边。
- 让每一个词都有意义。
- 消除使人分心的事。
- 去掉不必要的单词。
- 什么最适合读者？
- 它能售出更多本吗？

10 纸质和电子文档处理

许多关于编辑的书告诉你要做什么，但是很少教你如何去做。前面几章我们已经解释了诸如评估、内容编辑、文字编辑和校对等编辑工作。这一章我们来讨论生产方式、软件和硬件，并说明如何处理纸质和电子文档。

纸张还是屏幕？

编辑们都承认，看纸质文稿比看电脑屏幕来得容易，在纸质文稿上发现错误的可能性也更大。尽管有些工作仍然是纯手工作业，然而大部分时间里编辑们用微软公司的 Word 软件在电脑屏幕上操作。许多编辑在上机前会阅读或至少浏览整部纸质的原稿，标记编辑上的问题。但是，完全在纸质文稿上编辑，再将更正之处键入计算机就会导致效率低下。

电脑屏幕会促使你去关注措辞和造句等细微之处，你可能会忽视连接段落和章节之间的主线，未能形成一个整体的印象。待你在电脑屏幕上编辑完毕通读打印稿时，你可能会发现段落次序颠倒，或者是一句话与前几页所说的相矛盾，或者是一处背景需要在更早的地方提及。完全在电脑屏幕上编辑的书可能会支离破碎，信息充斥于屏幕而非段落、部分和章节之中。

在电脑屏幕上进行文稿编辑看起来似乎比在纸上快，但是如果你算上因软件不兼容而造成的停工、计算机崩溃、打印机卡纸和那些你始料未及的问题，再加上向作者解释技术问题所花的时间，也许在电脑上和在纸上编辑加工所需时间相差无几。就个人而言，我认为学术著作因其主题和概念较复杂,在电脑上编辑加工时很难把握,尤其是进行内容编辑时;对于学术著作,我宁愿编辑纸质文本,偶尔使用电子文本的搜索功能。不过注释和参考书目最好在电脑屏幕上编辑,因为搜索和替代功能可以使标点符号等细节之处保持一致性。对于部头较小的图书,尤其是语言表达需严格编辑修改的,在电脑屏幕上加工更具有优越性。

生产方式

经编辑加工后送至印刷厂的稿件可能是纸质文稿,也可能是电子文档。对每一种而言都有两种可能的生产方式,如表10.1所示。每一种情况下编辑和排版工人的角色是不同的,你必须弄清要采用哪一种生产方式。还需要知道排版工人是否熟悉图书印刷工艺;桌面出版商不一定熟悉图书出版业的标准,也不一定熟悉传统的校对改正符号。

表10.1　不同生产方式中编辑和排版工人的工作(包括版面构成)

生产方式	编辑的任务	排版工人的任务
在纸质文稿上编辑,然后键入计算机	这是传统的生产方式,编辑在纸质文稿上加工,再由排版工人键入计算机 所有的编辑改动和标记都手写在纸质文稿上	排版工人键入所有材料,加入编辑改动,根据标记进行排版
在纸质文稿上编辑,然后从磁盘上输出	编辑在电子文档的打印稿上加工,该电子文档用于排版 所有的编辑改动和标记都手写在纸质文稿上	排版工人在电子文档中加入编辑改动,根据标记进行排版
在电脑屏幕上编辑,未排版	编辑在电脑屏幕上做文稿编辑工作,也输出打印件并在打印件上做标记	排版工人在电子文档中去掉所有现有的格式,并根据标记使用新的格式排版
在电脑屏幕上编辑并排版	编辑在电脑屏幕上完成所有的编辑工作,并且对体例和其他格式进行设置,成为事实上的排版工人	

当编辑大纲要求在电脑屏幕上进行编辑,并在打印件上标出编辑记号时,自由编辑人应该仔细地为这项工作作出正确的估价。如果你还对打印稿进行校对,并进一步进行修正时,那你事实上做了五项工作:对原稿作文稿编辑、排版、输出校样、校对、修改校样。你交付的不是只做了文稿编辑的稿件,而是修正过的初校样。这些附加值应该在你的报酬中体现出来。

汇集作者疑问

如第3章所言,你与作者的沟通应该是面面俱到的。提出问题的技巧因作者能力和生产方式而不同(如表10.1)。如果可能的话,将编辑过的原稿给作者,这样可以省去编制疑问清单的麻烦,也可以使作者感到安心,因为这给了她控制权:她能够查看所有的编辑改动,并同意、拒绝或质疑每一处的编辑改动。

在你将原稿送交作者前,解决并处理好你自己的疑问,并检查你对作者提出的问题是否表达得清晰、准确和得体。措辞不能是模棱两可的。当你用模糊的首字母缩写问道"sp. out?"(拼写错误),作者回答你"yes"(是的)而不是告诉你所需的答案时,情况就太令人懊恼了。《是,部长》的作者 Jim Hacker 在一篇报告的页边空白处提笔写下"Balls"(球)[1],细心的秘书劝他改成"Round objects"(圆形的物体)。不久后收到的问题是用十足的书面语提出的:"谁是 Round? 他反对什么?"[2]

在一份手工编辑的原稿上,编辑的改动用墨水笔标记,而作者的回答用铅笔写在左边空白处。作者将答复写在原稿上——最好用铅笔,也可以打出一张答复清单。在电脑屏幕上编辑的稿件既可以给作者电子文档也可以是打印件;无论何者,编辑的改动都要用"跟踪修订"(Track Changes)工具显示出来,编辑的疑问用"批注"(Comments)功能显示出来(见下文)。作者或者是直接在电子文档上作改动,或者是写在打印件上。随编辑过的原稿一同送交作者的还有你准备好的词汇表、其他准备好的附件,比如插图说明或缩略语词表等,以便作者加以审定。

在你将电子文档送交作者前,跟她谈谈她的文字处理技巧,弄清她需要

〔1〕 Balls 在俚语里有一种粗俗的用法——译者注。

〔2〕 原文为"Round objects",因此,编辑误以为 Round 是人名,误以为 object 是动词——译者注。

知道什么。如果她准备直接在电子文档上加工，你可能得写一封长信来解释如何查看改动和注释，如何接受、拒绝或是增加改动。你一定要设法将她的改动与你的改动区分开来，并且确保你的疑问都得到了答复。要做到这一点有许多方法：

● 要求作者用一种特殊的颜色来标记她的改动，用删除线来表示删除部分，并说明这样做的方法。

● 或者，送交作者一份编辑过的有密码保护并开启了"跟踪修订"工具的电子文档，无论她键入什么，都将以不同的颜色表现编辑的修改。当你收到她送回的稿件时，解开密码便可接受或拒绝各种改动。

● 如果你不喜欢使用"跟踪修订"工具，那就要求作者使用"比较文档"(Compare Documents)功能来对比编辑过的稿件和她的原始稿件。[1]

传送电子文档给作者时，要记得有些资料，如编辑过的书中图片和表格只能以纸质文稿的形式存在，需传真或邮寄给作者。还有其他几点要注意：

● 当一份稿件改动得太多，单单是改动的数量就可能会吓坏作者时，鼓励作者先隐去"跟踪修订"工具来看稿件。

● 作者即使使用旧版的字处理软件，也要能够读出你用 Rich Text Format 格式存储的文件。

● 微软的 Word 软件为"批注"正文中的附注而预设的字体小而难辨。在电脑上工作的作者可以使用搜索功能来查找这些"批注"。如果作者喜欢在打印稿上工作，那就把预设的字体改大一点或者改成粗体。

向作者提出疑问最费时间的方法是打出一张问题清单。这些"作者的疑问"事实上是"编辑的疑问"，因此直接将"编辑的疑问"作为标题，或者你特别得体地称之为"编辑的建议"。这些问题的位置是通过页码标示出来的，所以要检查作者的底稿副本与你的文本页码编号相同，以防出版商可能为了使底稿"整洁"清除不必要的格式，改变了页码编号。如果你和作者的页码编号是一致的，那你就不需要用行数来定位问题，只需用 a, b, c 来定义一页的顶部、中部和底部，并举出几个词。这样 118a 就表示有一个问题在第 118 页的头三分之一里。务必向作者解释你采用的这种方法。如果页码编号不相同，你就得用标题和其他标记来描述疑问所在位置，比如"表4.2后第三段中间"。

---

[1] 感谢米开尔·赛伯图的一些建议，上机编辑手册，以及盖尔·沃曼和凯西·斯托夫，2003 年 12 月 9/10 日的"编辑谈"论坛。赛伯图，64—66 页，提供了一个向作者解释流程的样函。

软　件

在过去的10年里，编辑已经将复杂的计算机知识应用于他们的全部技能之中。

微软的字处理软件Word

微软的字处理软件是行业的标准，编辑必须精通此软件。你可能在正式的课程中学过Word的基础知识，但是你还需将技巧应用于特定的文本编辑的要求。这个题目太大了，这里不能一一提及，可查阅参考书目。

仅仅精通微软Word知识还不够，你还得熟练运用。作为一个自由编辑人，编辑工作做得越快，你赚的钱就越多，因此提高字处理速度就能提高个人收入的底线。如果你不能盲打，找个学习软件不断练习，直到你能做到快速打字。

每个人用自己的方式来提高工作效率，这里是我认为有用的一些技巧。一般而言，键盘命令总比鼠标操作快。我在电脑旁列出6个可能有用的命令。数月后，我发现有一些命令已经融入到我的编辑工作中，而其他的就完全忽略了，因此我就列了一张新的命令清单。Word软件允许自己设置键盘命令，创建“宏命令”（macros）来处理重复性工作。

练习用左手使用鼠标有益于双手交替劳作，以预防肢体重复性劳损。文稿改动不大时，我用左手操作鼠标进行定位和选择，而右手则放在键盘右端，准备添加标点符号或敲击“Delete”（删除）键。要删除目录每项最后的半个冒号时，我只需左手用鼠标定位右手敲击“Delete”（删除）键。鼠标上的滚轮也可以用来拖动文档；你可以用左手使用鼠标来拖动文档，而不必用右手敲击方向键、“Page Up”（向上翻页）键和“Page Down”（向下翻页）键。

Word的“跟踪修订”工具，可以方便准确地告诉作者编辑所做的改动。正如我们所看到的，如果作者在电子文档上接受或拒绝这些改动就能节约编辑时间。运行常规性的整体修改或宏命令时，比如删除多余的段落回车符，用单引号代替双引号，需关闭“跟踪修订”工具。如果你使用“跟踪修订”工具将编辑过的内容复制粘贴至新的文档，所有的改动会被自动接受，但有时会出现奇怪的结果。使用“另存为”(Save As)命令即可保存。

用 Word 中不同的视窗和选择工具做实验,以查明什么工具适合于你正在做的工作。学会使用的理想时间是当你遇到一个不很紧急的问题时。改变版面的大小,显示所有字符以便找出不必要的标号和间距;显示或隐藏“跟踪修订”工具,对于需要特别注意的材料用彩色表示。使用“大纲视图”(Outline View)用于内容编辑和文稿标题的编辑,使用“页面设置”(Page View)或“页面预览”(Page Preview)来检查版面设计。

编辑们应该知道,微软公司会逐步取消对旧版本软件的技术支持。比如,2006 年以后 Office 2000 将不再获得技术支持,2008 年以后 Office XP 亦是如此。你可以继续运行这些软件——专家们承认“有一些小公司将一直使用旧版本的软件”[1]——但是,如果出现问题就不得不去寻求第三方技术支持。自由编辑人所使用的软件要和作者、委托人的软件保持兼容,因此最终编辑将不得不随着作者、委托人的软件同步升级。

典型错误

每一种加工文本的方法都会产生其独有的错误。评估过程中弄清文档是如何形成的,以避免这些典型错误的发生。

比如微软的 Word 会将位于词头的撇号用左引号来代替——‘tis 而不是’tis——必须手动更正。在默认设定下,Word 会将序数词改成上标形式,这种格式在书籍印刷中并不常见。拼写检查程序不能发现像expect写成expert的错误,或者是两个字母的单词里错了一个字母,就像 it, if, of, on。因此,要仔细检查字处理软件生成的文档。

使用扫描软件的光学字符识别设备容易混淆相似的字母和数字,比如把 and 误识为 arid。在编辑和校对扫描生成的文档时,必须检查每个单词的每个字母,尤其是那些容易引起混淆的,比如大写字母 I,小写字母 ell 和阿拉伯数字 1—I,l,1。

声音识别软件面临的困难是显而易见的,它要适应许多不同的英语口音。个人用户可以“训练”软件来识别自己的特殊发音和节奏,但仍然容易出错。英语的同音词很多,像 cite, sight, site; rain, rein, reign; core, corps; in-

〔1〕 亚当·特纳,“软件的黎明”,Next,5 页,时代,2003 年 8 月 12 日。

cidents, incidence 等,声音识别软件可能无法正确辨别。有些词本身并非同音词,但用户的发音可能使其听起来很相似,像 formally, formerly; slither, sliver; precede, proceed; petition, partition 等。声音识别软件还可能无法辨别单词间隔,比如将 a tax on books 误辨为 attacks on books,或是将 commercial in confidence 误辨为 commercial incompetence。在编辑声音识别软件生成的文档时,要将注意力放在整个单词上,而不是每个字母。

相关程序

常用的版面设计程序有 Quark Xpress, PageMaker 和 InDesign,网页设计程序有 Dreamweaver, Front Page 和 Fireworks。版面设计程序的改进和完善,使得它们越来越与文字处理程序相兼容。但是,版面设计程序仍然难以转换符号和特殊的字符,比如半身铅线和全身铅线长度规则、重音符号和分数,这些需要在看校样时特别注意。表格和尾注的编号也很容易出错(参见第6章、第7章)。

设备维护

在出版社和大型组织里工作的编辑可以仰仗 IT(信息技术部门)来预防和解决问题,因此这一部分的内容针对自由编辑人、微型企业和便携式计算机使用者,他们必须维护他们自己的设备。[1]

硬件故障

你迟早会碰上硬盘崩溃、病毒攻击或失窃,让你有一阵子没法使用计算机。而计算机是你最基本的职业工具,没有它你简直一事无成。你还要履行合同,还要在最终期限前完工,而且,关于信用的声誉对于你将来的事业至关重要。那么,当你的设备出现故障时要怎样去维护呢?

〔1〕 感谢山姆·麦金斯在技术方面的指导。

如果你没有考虑过意外事件，一旦发生，无可奈何之下往往会匆忙地花大价钱买新设备。理想的做法是，作为一个自由职业者，你应该在手头上准备一台备用计算机，但是大多数人不可能承担整台备用计算机的费用，因此让我们来看看每个独立的配件。

● 新的键盘和鼠标能够短时间内以相当便宜的价格买到。

● 小型的家用打印机很便宜，紧要关头能派上用场。或者你也可以一两个星期里不买打印机，把磁盘带到有兼容设备的朋友或打印店里去打印。

● 中央处理器和显示器是关键的设备，发生故障时需要一个星期或更长时间来修理或更换。特别是当你不住在大城市里，情况更是如此。如果可能的话，最好有备用的中央处理器和显示器——可以是过时的型号，虽然速度慢一点、尺寸小一点，但可以用一阵子。或者也可以联系当地的计算机供应商，以合理的价格马上租借到可兼容的设备。在预算里得考虑到电子设备保险金和紧急租赁费。

备　　份

你的硬件已经做好严防故障的准备，那么你的信息呢？大的组织机构有全面的备份系统，而自由职业者需自己作打算。要使你的业务在灾难来临时顺利开展，你需要经常做好以下几个项目的备份：

● Word 软件中的 Normal 模板，即 normal. dot，以及你选择的背景
● 相关文档文件夹
● 相关电子邮件
● 电子邮件通讯录
● 金融和税收记录
● 常用的 URLs 网页链接（浏览器上的收藏夹或书签）

在电脑屏幕前工作时，每几分钟保存一次，每几小时备份一次。如若不然，结果自然是当系统崩溃或断电时把工作再做一遍。

如果你不喜欢经常备份，也许你的策略是更新设备，使其快捷而方便地使用。压缩磁盘或是可改写 CD 可以提供足够的帮助，只需在附带的软件中进行设置，使其满足以上的要求即可。设置系统时，运行测试备份程序，然后对原始文件进行重命名以防出错，恢复备份过的文件，再检查你是否能够存取所有的信息。

如果你的程序执行增量备份,那备份的过程并不费劲。也就是说,增量备份就是仅仅备份上次备份以来已改动了的文件。使用有所有权的软件或参考软件使用手册[1]。如果经常使用增量备份,备份的过程只需几秒。你可以创建另外一个程序来对所需的文件进行全部备份,那样会覆盖(删除)原来的备份。或者如果容量不大的话,你也可以再安装一个硬盘,多点几下鼠标,把所有的内容全盘复制过去。

所需信息必须用以下三种方式来备份:

- 每一工作阶段结束后,或是每天:在磁盘上进行增量备份,把磁盘放在办公室随手可及的地方,或复制到副本硬盘上。
- 每周:在磁盘上进行全部备份,把磁盘放在办公室以外,防火防盗的安全之处。
- 每月:在磁盘上进行全部备份,把磁盘离线存放到亲戚或朋友处。

时不时地检查一下你的备份,以确认信息得到正确的保存。

有个骇人听闻的故事,说的是一个公司每天备份并存贮在三份磁盘里:一份放在办公室的抽屉里,一份放在防火的保险箱里,还有一份被经理带回家去。一天,这个公司的房屋起了大火,放在抽屉里的磁盘立刻烧毁了。保险箱只能防 20 分钟的火,因此里面的磁盘也烧毁了。只剩下经理的磁盘,正巧他的汽车用的是电子发热的座椅,座椅产生的磁场把磁盘里的数据全部破坏,无法恢复。

这个故事让你有理由相信,除非备份工作彻底完成,否则你的工作就没有结束。自由职业人应该养成习惯,至少每周做一次事务管理:包括更新防病毒软件,对硬盘进行病毒扫描,进行全部备份(备份时你可以打扫一下办公室)。在这样的制度下,你能体会到内心的平静。

病　　毒

微软公司的软件尤其容易遭到病毒的攻击,而且任何计算机都可能感染上病毒。因此需要安装病毒扫描软件,对每个你接收到的文件——无论是来源于磁盘还是粘贴在邮件中的附件,在打开之前都要运行病毒扫描软

[1] 比如乔治·斯卡贝克的《计算机指南》,第 3 版(斯卡贝克咨询公司,墨尔本,2002 年),第 104 页。

件进行扫描。防病毒的软件如 Vet, McAfee 和 Norton 都有出售,此外还有一些共享的软件。

遗憾的是,对病毒的防御并不能一劳永逸。新的病毒每天都在生成,几个星期没有更新的防病毒软件就没有保护作用了。因此,你应该经常下载最新的补丁,不断更新你的防病毒软件,这只需你轻点鼠标数次。

电子邮件

电子邮件并不比明信片更私密。电子邮件可用于生意上的沟通,因其比较随意和亲切,需注意措辞。当面说不出口的话决不要在电子邮件中道出。友善的话语可能会有错误的理解,应预先考虑到并避免误解发生。

发送电子邮件不可太随意。想想邮件接收者需要了解什么,把他不需要的内容通通删掉,并对提交材料中意思不明晰的参考资料和暗示含意做出解释。

垃圾邮件的泛滥正在改变人们关于电子邮件的习惯。一些人从来不读陌生发送者的电子邮件,过滤软件可能太过敏感,把需要的信件也筛选掉。[1] 电子邮件看似转瞬即发,但是当无法送达对方地址时,系统会连续发送 5 天,再通知发送者无法送达。听起来有点可笑,不过你也许应该打个电话询问一下电子邮件是否已经送达。

为便于管理电子邮件,你可以在电子邮件程序里为每项工作设置一个文件夹,标明作者和标题,再建一个子文件夹,叫做"处理"或"未完成"。新邮件接收后,将其存入子文件夹中,处理完毕后将其转入总文件夹。这样,你就可以通过查阅子文件夹的内容迅速获悉你所要做的工作。

技　术

全职编辑手头上的活往往有十几项,因此需要宽敞、容易使用的空间来

〔1〕 Mailwasher 是个共享软件,可以让你在下载前浏览邮件,这样既能够过滤垃圾邮件,也能够预防病毒。参见 mailwasher. com。

存放进程中的工作。当你专心于某项工作时,会有一些零碎的活儿要干,比如插图说明副本或作者的信件一封接一封地寄来。如果你没有正确地归档,找起来就会浪费很多时间。最好的存贮方式是选择可调整的书架,这种书架可设计成根据需要来伸缩空间。

这里有一些处理纸质和电子文档的心得。

纸质手稿

如果你什么都用手写,那你要写清楚:其他人在处理手稿时可不想对着你的天书苦苦思索。排版工人打字极快,而且仅仅是扫视原稿。他们看到哪里就排到哪里,拿不准时就看原稿。英语可能并非他们的母语,他们甚至不清楚普通的澳大利亚缩略语,比如 NSW。[1] 无论是在原稿还是在校样上,都要把要求和询问圈出使其醒目。如果准备的项目——比如图书的顺序,在打字排版时容易出错,那就在显著位置明白地写上"不排版"。

如果你把稿纸码放得边缘像裁切过一样整齐,那纸质手稿是很容易处理的。整齐地堆放稿纸有益于影印机、印刷工人,也有益于你自己。整齐堆放的稿纸让你可以一眼看到不同章节用纸的不同颜色,因此,你能够很快地找出任意一章的起始页和结束页。这对于注释位于章节后的手稿而言帮助甚大。同样,你还能用拇指翻页,在左边空白处查找特定的作者疑问,或是在右边空白处查找你本人的疑问。编辑工作中存在大量的校核和反复校核:这个名字是不是跟前面拼写得不一样?这位部长是不是在 1993 年辞职?不一而足。如果你的工作有章可循,反复校核时就很容易,你也更喜欢去做。

在处理纸质文稿时,我把工作件有条理地放置在书桌上,而且我伸手即可轻松取到。阅读文稿时,当我意识到需要在初始页里查阅一些资料,我就自动地把手伸到桌子的左边。如果需要查阅插图说明,我知道它们在我的右边。上机操作时,我使用标准的文件夹和文件名,每一项工作都是一样。这样有利于反复校核、提高效率。

标签或记事贴体现着收益递减的原则:数量越大作用越小。当我收到 300 页的校样,内含 299 个标签时,我的心直往下沉。如第 8 章所述,编辑

---

〔1〕 NSW:(澳大利亚)新南威尔士(New South Wales)——译者注。

在核对校样时,每一页需翻阅好几遍以检查每一处改正和询问。对于校对者而言,使用所有这些标签不仅仅是十足地浪费时间和资源,而且也表明他对生产过程的无知。标签用于提醒重大的、非常规的问题,而不是每一处例行的询问和改正。出版界关于标签位置的新惯例是:在天头位置标明文档的章节,在切口位置标明询问和问题。

在你送交原稿或校样之前,把所有不再使用的疑问去掉。通常在做编辑工作时会提出一些问题,比如在原稿的 5 个地方询问名字的拼写。当作者送回修正稿时,你发现有 2 处错了,另外 3 处是对的,但你却忘了把这 3 处的问题划掉。划掉这些标记非常重要,否则就会放慢所有处理这一稿件的人的速度。在传统的生产工艺中,设计人员、排字工人和校对员看到这些该划掉而没有划掉的问题时会抓耳挠腮地想"这是要我来解决的问题吗?"他们也不希望在校样的空白处看到编辑和作者之间的对话,而对话的内容早已经解决了。这样的标记会延缓每个人的进程,必须划掉。

包　　装

具有传奇色彩的编辑芭芭拉·拉姆斯登(Barbara Ramsden)曾经说过,"如果邮包散落,邮件中的校样随之丢失,那所做的校正工作到底有什么好处呢?"[1]如果你处理的是纸质文稿,那编辑过的文稿就是你连日工作的唯一证明。别把几百张散开的书页放在一个寄往马尼拉的信封里,并希望它能安全抵达目的地。你应该用橡皮筋把纸质文稿绑起来,把书中图片装进硬纸板封套中以防弯曲或损坏。

版本控制

"版本控制"一词原本用于计算机产业,指软件的版本,不过这个概念用于印刷业也很恰当。文档管理是编辑工作的一个重要部分。文档有各种不同的版本:作者最初的原稿,作者可能有一个或者多个修订稿;作者审读前和审读后的编辑稿;一个阶段或几个阶段的数套校样。编辑改动、疑问和作者同意的记录必须一目了然。

---

〔1〕 引自路易丝·波兰的《类型之外:澳大利亚出版业中的女性,1931—1973》,硕士论文(出版),莫纳什大学,2002 年,第 126 页。

当你一收到任何纸质文稿时，就应在头一页上标注日期和版本，比如“初稿”、“作者的修改稿”或“初次单页校样，校对员的一套”。在一些出版社，生产人员把纸质文稿码得整整齐齐，再用毡尖笔在页边做标记，画一条就表示原稿，画两条就表示初次单页校样，诸如此类；这样做可以显示每一页，并可以避免发生混淆。每项工作相关的纸质材料和电子文档上都要标明作者的名字和标题。试想你发现了一份索引或一份电话交谈记录，却不知道要归入哪一项工作，该是多么令人沮丧啊。

做一些工作时，你不会接触到纸质文稿。你收到的原稿是电子邮件的附件，在电脑屏幕上进行编辑，用电子邮件向作者提出疑问、接收修改，将编辑过的稿件以电子文档形式交付排版。因此，系统地为文件命名非常重要，下文将会阐述，这样可以避免在没用的版本上做无用功。

电子文档

对于每一个项目，你都必须至少有两套电子文件：一套是与工作有关的文档，比如工作计划、设计大纲；另一套是用于排版付印的文件，比如正文、插图说明、封面副本。你要为各类文件设计一个管理系统。

系统的典型结构包含一个主要工作文件夹，以作者的名字和书名来命名，包含几个子文件夹，以“文档资料”、“初稿”、“编辑稿”来命名。根据需要还可以进一步进行区分，比如在子文件夹“编辑稿”里再创建子子文件夹，分别用于存放“送作者审读的版本”、“显示作者回复的版本”和“付排的最终版本”。[1] 这种方式清楚地记录了编辑过程，万一以后出什么问题也有案可查。对于电子出版物而言，正文和图表存放在单独的文件夹里，从不同位置进行链接更方便。

出版界对于文件的命名还没有形成惯例。无论你的文件管理系统是什么样的，文件名都应描述其内容——作者、书名、版本。记住，你的一些文件将以电子邮件形式传给作者、设计人员和出版商，他们还有可能会继续传递；说明性的文件名可以为工作链上的每一个人节约时间。

根据书稿的长度，你可以选择将每个章节设置成一个单独的文件，再将

---

〔1〕 这里的“版本”是指在 Word 中点击“另存为”后生成的文档，而不是指“文件”菜单中的版本。

所有文本合并成一个大的文件。操作单章文件时,很容易遗漏做整体的改动。避免疏漏的唯一方法是列出一张核对用的清单——表格中顶部交叉形成的栏目里注明章节号,下面各栏里注明该章中的整体改动——每完成一项改动就勾去一项。包含所有章节的大文件对于作整体改动更方便,但是在文件里拖来拖去很不方便。

一旦开始以电子文档的方式进行工作,那么正在加工的版本就是最新的版本,也就是唯一能作改动的版本。你在编辑原稿时,作者有时会对作品有新的想法,对作品做一些变动,将新的书稿通过磁盘(甚至全部打印出来)送交给你,对于改动之处又没有标出。避免这种灾难性事件发生的办法是向作者做出适当的说明。礼貌地告知,她有三种方式来做最新的改动:用 Word 中的"批注"或"跟踪修订"工具在电子文档中标出改动,在打印件中做标记,或用一张清单列出所有改动。编辑再将这些改动加到最新的版本里。编辑完毕,用另外一个名称保存最新版本,可以加上"编辑过的(前缀 ed)"或"修订过的",以与之前的版本区分开来。这样很容易辨别出哪一个版本要用于排版付印。

在工作中期也可以将文档做成一式两份,或用来记录另一轮的询问,或记录其他的注意事项,作为以防万一的副本。在一次大胆的编辑工作中,我甚至把一些章节的文件命名为 2ed ch 9A - old chs 7 - 8,不过你不用这么走极端。如下文所述,当你在计算机上同时打开两个文档时,你任何时候都得知道你正在加工的是哪个版本。移交你完成的版本之前,应再三检查要移交的文件是包含完整的、准备排版付印的最终版本,文档中所有的跟踪修订都已接收或拒绝,所有的询问都已得到解决和删除。

文档的不同版本,其页码也会不同。当引用页码时——比如在对作者的询问、书中图片或设计大纲中——需要弄清楚你指的是哪一个版本。当然一般是指编辑过的纸质文稿。

工作进程管理的技术在第 3 章的"控制"一节中已经阐述。

两份文档的比较

编辑经常要对两份文档之间的注释和参考书目、作者的修改和编辑过的稿件、作者的校样和校对者的校样进行比较,把一份文档上的改动移植到另一份文档上。在这种情况下,我制定了一条规矩:把正在修改并且还要继续修改下去的文档放在我的正前方，在右边翻页；把正在参考的文档放在我左手边，在左边翻页。这样就可以避免不经意地混淆两份文档，不然的话，你可能会气得骂出好多新名词。

在电脑屏幕上比较两份文档时，可以使用Windows的命令，使这两篇文档一同显示在电脑屏幕上。我又为此制定了一条规矩：把正在修改的文档放在屏幕的底部，把正在参考的文档放在屏幕的顶部。这样就不会改错文档了，不然的话，又是一通新发明的咒骂。

Word有个功能叫"比较文档"，如果你不喜欢"跟踪修订"工具，或忘了打开"跟踪修订"工具，不妨试一试这种方便快捷的功能。

计算机上的保存工作

Word会以预设的时间间隔自动保存你的工作，可以打开"工具">"选项"来调整文件保存的时间间隔。除了自动保存外，明智的做法是：每当你完成一段自己感到十分满意的工作之后手动保存文档，比如说你改写了一段逗趣的文字后要点击保存。要养成习惯，在接电话之前保存文档，在离开书桌之前关闭Word。

每次点击保存时，Word都会生成一个临时文件，每次工作一会儿你就可以点击"文件">"打开"对话窗口来查看。为了预防文件崩溃，每个小时都把Word关闭一会儿，把所有的临时文件合并成一个文件。工作中的这种停顿正好可以让你休息一下，这对你的健康而言至关重要(第11章)。

把工作搁置一边

在等校样或等待询问的回复时，你可能会几个星期甚至几个月都不碰某项工作。在你将一项工作搁置之前，务必确认你已经把电子文件做了完整、安全的备份。这项工作的所有纸质文稿——如原稿、书中图片、工作文件——都应该贮存在同一个地方。

过段时间，你就会忘了那张本来还要看一下的糟糕的表格，或在参考书目里还要加上出版日期，或者还要再检查一下插图说明。因此，在你将这项工作搁置之前，应该列张清单，写上所有还要做的事情，把清单放在这项工作文件的最前面。这样，你会发现事到临头，你接电话或继续这项工作时就会自如多了。

11 自由编辑职业

自由职业的生活方式使得在家工作充满了娱乐和刺激，作为一个自由职业者，你可以随意着装，随时工作，自己管理自己的工作环境和设备，你不需要乘车上下班，不需要开会以及受公司规章制度的约束，但是缺点也同样明显：为了生存你必须获得足够多的工作，你的收入是不确定的，很难有稳定的日程安排，走廊里没有同事，还必须将自己的工作和家务劳动分开。

这一章主要介绍自由编辑人。关于自由撰稿人、自由记者、个体经营者、在家上班者以及小商品经营者在很多书中可以得到进一步的指导：这些书可以在商业书店或者在图书馆中按照杜威分类法的650s下查到。在这里可以获得具体的有关财政、税收和法律方面的一些专业介绍。

我想我将会从事自由职业

一些经验丰富的编辑主动选择从事自由编辑职业，还有些人则是为了在公司裁员或退休后获得额外收入而被迫进入这一行业。并不是每一个人都适合个体经营：仅仅善于做编辑工作是不够的。如果你没有具备第一章列出的编辑应有的个人素质（那将使编辑成为完美的人）以及"澳大利亚编辑实务标准"（Australian Standards for Editing Practice）上所列出的知识技能，就不要奢望成为一名自由编辑人。此外，你还需要：

- 相信自己和自己的能力
- 有安排好自己工作的能力，并且激励自己在没有人督促的情况下完成工作
- 管理时间的技巧
- 喜欢独处

- 有设备精良的办公室
- 自信地讨价还价而不脸红
- 具有充足的资源以保证自己在现金波动时的生存
- 与那些给予你工作的人保持联系

每年,你需要有 20—30 个平均规模的项目——比如,编辑一本 250 页的书——才能够维持生计。完全确立起自由编辑的全职工作需要 3 到 5 年时间。在这期间,除非你有可观的存款去动用,一份兼职工作可以帮你度过这段不景气的时期以及支付最近的贷款;它还可以提供一些社会接触来慢慢实现向自由职业生活的过渡。在你可以完全依赖稳定的自由工作之前,你的职业规划上必须提供足够的薪水。比较理想的状态就是在你有了充分的出版社工作经验以及完善的人际关系网之后再从事自由职业。

你的办公室

编辑工作需要长时间地保持注意力高度集中,最好保持安静和独处的环境。在一个效率高的工作空间投资,将会有回报。你至少需要具备:

- 办公桌和椅子
- 充足的照明、供暖以及制冷设备
- 工作进程中的一些储备,文具、信纸、文件以及档案
- 通讯服务:电话、传真、自动应答服务、因特网端口
- 电脑以及打印机
- 参考书阅览室(在书架上和网上)

准备一个文件橱,里面放上你可能需要的所有的消耗物品。你应该能满足委托人的一些突然要求,比如打印原稿或者要求用特殊颜色的墨水来标示修改。

为了在这个环境中住得舒适(并节省开支),尽量减少你的办公室对能量和资源的消耗。一个小的桌底供暖器甚至一个盖膝盖的毛毯就可以让你保暖。购买设备的时候,选择有睡眠模式以及低耗能的经济型设备,选择彩色铅笔而不是荧光笔,以及可以重复利用的包装盒。一边是空白的纸可以当作一小片纸来使用,但是一定要删去原文以免混淆。

如果你非常认真地对待自由职业的话，可以留出合适的设备齐全的办公空间，严格按照正规的工作时间作息，依靠制定制度以及实施这些制度来保证工作和家庭有一定的距离。

在工作时间做拿报酬的事

因为在家里工作，你将会被一些家务事干扰。部分自由职业者在工作期间完全忽略所有的家务事。还有一些人认为，重复的、不动脑筋的、零星的家务事可以提供轻松的锻炼，并且调节工作节奏，可以为他们所做的工作带来新的视角。少量较轻的家务事是可以的，但是像打扫烤箱这类的活应该避免。

当坐在办公桌旁时你也可以避开工作。打无关紧要的电话、重新整理文件、打扫抽屉、列出要做的事的清单，同样可以获得与工作近似的经验。在你开始工作之前，尤其是开始一项新的项目之前，你需要做一些轻松而琐碎的工作，以便整理一下未了结的工作，并且为开展新的工作积蓄力量，但这段时间不宜太长。

办公室礼仪

电话是你向顾客表现自己的最主要工具。在工作时间内不论何时听电话，都应使用很专业的第一人称，并在旁边放一张纸。尽管在家工作，但你不需要一周 7 天，一天 24 小时都处于待命状态。许多作者有一份全职工作，只在业余时间写作，所以他们倾向于在周末或者晚上打电话。在你初次与作者打交道的时候，告诉他你的办公电话的同时也说明你的工作时间。如果只有一部电话，应提醒她注意时间。否则，也许你正在参加一个晚宴聚会的时候接到她的电话，几杯红酒下肚后很难使自己听起来像个务实的人。

在写信、甚至写电子邮件时不要太无礼是商业交往中最基本的原则。去掉一些评论性的语言会使人看起来更实在一些。外交词汇可能会花很多时间，但在信誉方面总会得到回报。

委　托　人

在出版社，那些管理外包工作的人一般都有一个称号，比如“生产者”、

“经理”或者“管理者”等，这些人都是你的同事，也是你将来工作的希望。通常一个经理人从一家出版社跳槽到另一家出版社时，他会带走一些自由撰稿人，因为他了解并且相信他们的工作。

第一笔生意至关重要。你必须在使他信息灵通与使之陷入无用信息之间和在当你需要时询问问题与做编辑决定时承担责任之间确定一个行动方向。你想要确立一个随和的易于相处的声望，但并非是轻易上当的人。在交往中，潜台词与言辞同样需要注意，并能创造性地提出解决困难的方案，营造一个能够很容易让委托人抱怨的氛围——接受批评，改正缺点总比失业好得多。

写作并不是一个委员会能做的工作。如果你的委托人是一个出版物委员会或者类似性质的机构，最好是与其中一个人进行交易，由他负责向其他人说明。这又会引起权力和责任的问题，这应该预见到并在书面协议中予以明确。

健康、安全以及生产率

许多个体经营者都被老板无情地剥削。痛苦显而易见，但是编辑的工作天生就是过度的、超负荷的。

如果你在适当的时间内工作，并有规律地休息，将会更有效率。疲劳会导致你遗漏很多错误以及做出错误的决定，这些需要很费力才能改变过来。你的职业完全依靠你个人的体力，所以健康是一项需要维护的商业资本。编辑工作是一项案头工作，每小时应该休息 10 分钟——起来，离开办公桌，做一些运动。

最易受伤害的主要部位是眼睛、手腕、手、颈以及后背。

● 给自己配备一套可调整的台灯。购买你能负担得起的最大、最好的显示器，把它放置好，这样从屏幕上就不会发出刺眼的光，调整字体大小，使之能够大到阅读起来不需要弯腰以及斜视。当然，你要定期做视力检查，如果你配了眼镜，应该按医生开的处方及时更换。

● 手腕和手很容易受到伤害，导致“重复性劳损”，又称职业过劳综合症。如果患上了这样的病症，严重的情况下将导致你几个月不能工作，也许永远不能完全治愈。为了防止“重复性劳损”，调整你的键盘，让你的前臂处于水平位置，减少按键，每小时休息 10 分钟，不要过度工作。

● 如果你坐姿适当，你的颈和后背将不会感到疼痛。调整你的椅子和显示器，使你的大腿处于水平状态，如果需要的话使用脚凳。你的头要处于舒适的位置，许多工作是在电脑屏幕前做的，所以这是一个关键点。

缓解压力

自由职业的工作处于不可预测的状态，有时候有无法抵挡的大量的工作，日程安排会频繁调整，工作前景不确定以及收入不规律。导致压力的关键因素是对工作环境和工作缺乏足够的控制。自由职业者对前者（工作环境）有总体的控制，对后者（工作）有时要奋斗拼搏。如果你让自己的工作被委托人操控，那你相当于一个受雇佣者，应学会说“不”。在你与作者或者委托人进行交易的过程中，要求他们履行自己的诺言是很正当的。例如，如果在商定的期限之后收到稿件，你也不需要完全按照最初确定的最后期限完成，应坚持掌握主动权并重新协商日程。

许多人在适当的压力下会工作得更好，时间期限是最大的动力。但是应该调整好自己的工作节奏。如果你想使生活充满挑战，你可以接受所有的工作，排满日程，并且有些工作需要你用额外的时间来完成。如果你喜欢比较平静的生活，应协商好最后的期限，以便你按日程表每天悠闲稳定地工作，并适当安排一些空闲时间来应付突发事件。在下面的“工作流程”部分将会对日程安排做进一步讨论。

身体健康是应对压力的基础策略。健康的人更具有持久力来处理突发事件以及熬夜工作，并且能够更为敏捷地把握一些机会，这些机会是不会光顾过度劳累、体力不支的人的。当你意识到自己的工作负担已经超载时，应坚定地拒绝一些具有诱惑力的工作。失去一两个合同总比由于“重复性劳损”或者由于压力导致的疾病而被迫几周不能工作要好得多。学会辨别自己身体在过度压力时所发出的信号，使自己有充分的自由来安排自己的时间——在夜深人静的时候工作，或者在夏天的早晨天刚破晓时开始工作，中午则午睡一会儿，稍微休息一下。

职业发展

自由职业者与一些老客户建立起良好关系的同时,可能会很难把握整个行业的发展趋势。由于你是一个知识生产者,所以全面的现时的知识——关于语言和写作方面的趋势,技术和法律方面的变化——都是重要的商业资本。你需要投入每年收入的一部分(比如说,3%—4%)来更新知识和提高技能。

制订未来3年的专业学习计划,主要集中于你意识到的自己的劣势,尽量包括以下所有领域:

- 语言、写作、语法
- 编辑、校对、出版
- 特殊的软件程序
- 商业经营方面:金融、税收以及档案管理

一些编辑社团和技术传播机构通过成人教育、第三方社会事业机构和作者中心,开办了一些短期培训。由社团和贸易组织创办的研讨会和研究班,不仅可以使你通过新的接触扩大商业网络,同时也可以更新你现有的知识。

校对编辑(Emend Editing)提供了一个建立在"澳大利亚编辑实务标准"上的在线互动教育的短期课程。加拿大编辑协会出版了两卷(自学、自测)程序,叫做"编辑标准"(Meeting Editorial Standards),在他们开办的网站上可以使用,但澳大利亚以及新西兰的编辑需要进行修订才能适应当地的标准。[1]

也有比较便宜以及愉快的方式来进行专业学习,就是经常地、广泛地、批判地阅读,以此来扩大知识面,了解目前在写作、出版方面的趋势,加深对可能出现的语言和印刷技术的理解。告诉你的亲戚、朋友们,躺在沙发上看书实际上是高水平的研究开发(R&D)。

不值得的工作

作为一个自由职业者,你需要保持一种自信和职业上的自尊,不要被迫廉价出卖自己。[2] 一个职业编辑不会选择那些凡事只想到自己的人;如果你

---

〔1〕 www.emendediting.com, www.editors.ca。

〔2〕 该部分引自帕姆拉·海威特的"增值你的服务,让你的服务更有价值",在知识伙伴的会议中做的陈述,堪培拉,2001年10月;堪培拉编辑协会网站,会议论文,第2日。

十分谦逊愿意迁就作者,那么也可以这样对待顾客。准备提交估价或者标书的编辑,就拥有"标准"上所列出的与这个工作相关的技能,有着很快的速度和很高的准确性。在商界,你就要像做最后一份工作一样做好工作。如果这份工作即将到来,尤其是来自老客户或者个人推荐,你更应该提供最好的服务。

不劳动者不获酬,这是一个简单的道理。如果达成协议之后,还有额外的工作,你可以申请额外的报酬。这里,我们知道,明确的工作限度以及详细的编辑大纲很有必要,这样每个人都知道需要做什么以及报酬是多少(第3章)。

如果你有了职业的自尊,就会意识到有些工作是不值得做的。比如一些低薪水的或者带来很多麻烦的工作,你需要有勇气拒绝这类工作。毕竟,最坏又能怎样呢?大不了就是去从事一些其他类型的工作。许多编辑,他们拥有在其他领域很容易适合市场需求的技能——行政、管理、教育、记者、广播、专职写作、广告以及公共关系等,但是他们仍对编辑工作情有独钟。

曾经有一个出版商向我咨询一部书稿结构编辑方面的意见。他们给我送来没有任何摘要和介绍的纸质文稿,通过几封电子邮件和几个电话才套出一句话——我们想从另外一个角度重写——以及一些关于目标市场的细节和某个也许知道更多人电话号码的人,到现在两周已经过去了。如果是一个业余的出版商,我也许会坚持不懈地做一个项目计划,但是对于一个希望专家能够按照他们的要求来做的人来说,我办不到。我深吸一口气,决定说"不"。与一些不知道自己想要什么以及当没有传达他们的意思时可能会遭至责备的人一起工作是不值得的。

如果你收入很低或者工作目标不明确,你就是在贬低这个职业,损害你自己以及你的同事。因此,要做专业的工作,拿专业的薪水。

经营小买卖

作为小买卖经营者,自由编辑人必须了解相关的法律法规、金融政策、档案管理等。关于小买卖的一般性建议可以在书上找到,但是没有符合你经营环境的专业性介绍,尤其是在你刚开始经营的时候。

大多数自由编辑人一般是单独经营或者与搭档一起工作,但是为了更大的商业利益，你也许会选择建立公司或者建立托拉斯（企业联合）。如果你的搭档或者股东是你的配偶或者亲戚，你也许会认为一份正式的协议是多余的，但是钱是一个敏感的问题，它可以使个人关系变得紧张。因此，最好在刚开始的时候就明确，并就预期达成一致。一份书面协议可以在离婚或者家庭破裂时在一定程度上保障你的生活。

商业计划

比较普遍的计划是申请贷款，但即使你不需要借钱，一份计划也可以帮你理清思路。一般可以从银行以及政府部门获得计划实施过程中的部分帮助，也可以向会计师或者金融顾问咨询。

你的商业计划应该是一份动态的文件，随着现代生活的变化而不断更新。不要实施得过于死板，也不能弃之不用。也许你会发现自己逐渐向编制索引或者桌面出版转变，或者机遇逐渐引导你向电子出版，而不是朝图书出版的方向发展。在这种情况下，你就需要进行培训，购置新的设备或者制定新的市场战略。

登记、税收以及档案管理

管理事务的相关信息，例如登记公司名称、获得澳大利亚商业号码以及税收计划，是非常重要的。一个自由职业者，从事小规模经营就不需要如此详尽的管理程序。比如，如果你一年仅报送一些发票，人工簿记就足够了。

保　　险

在你购买保险之前，考虑在遭遇危害时你会受到多大损失以及需要支付多少费用来保护。你要为盗窃、损坏、甚至于你商业经营所依赖的电子产品投保。你投保的范围要包括毛利损失、重大损失以及商业中断所带来的损失。养家糊口的人还要能在失业、人身事故以及疾病等发生时保护自己。

如果在工作中你比较粗心大意的话，那有义务对第三方的人身伤害和财产伤害投保。政府机关经常要求自由编辑人购买职业赔偿保险金。这对于编辑来说难以实现，但对于图书馆员来说可能更有必要，例如，他们向读者提供了一本关于建造敞篷式汽车间的书，但这位读者按照书上的介绍建造时受了伤。当然,编辑应该尽最大的努力避免失误,尤其在提供"如何"方面的信息时,如食谱和中医治疗方法等方面。出版商经常在初始页中做出不承担责任的申明,但不具有完全防御的法律效力。建议至少投保500万美元的公众责任保险。

作为老板的编辑

当工作很多时,自由职业者有时会雇佣一些人来帮忙。通常这是一种特别的安排,将工作转包,让转包人像你一样负责这样工作:准备一份详细的大纲并签订一份书面协议。

如果你的事业相当成功,有很多事情应付不过来的时候,你可能会不很认真地考虑雇佣员工这个主意。实际上,这是一项重要的步骤。雇主必须遵守相关的法律法规和赔偿额,并且提供最基本的雇佣条件。雇主需要精细的财务体系来满足员工的赔偿保险、退休金、税金以及离职补偿。

不论雇佣关系如何确立,当其他人完成你合同上的工作时,你必须控制质量。你的声誉是通过自己的工作建立起来的,如果你的工作没有达标,你有可能会失去顾客。许多工作的利润很微薄,不足以支付核对工作的实际费用(高于转包人做这项工作时支付的费用)以及材料流转所需要的管理费用。

合　同

如第一章所介绍,澳大利亚的出版行业倾向于凭信用经营。尽管没有签订正式的协议,但一般情况下,在自由编辑人和出版商之间合同是存在的。如果你已经在个人关系的基础上开始了工作,这个合同可能一部分是书面的(编辑大纲、电子邮件),一部分是口头的(讨论、电话),还有一部分是隐含的(这个行业通行的做法)。一个律师将这种情形描述为"一个沸腾的大气锅,在这里律师可以制造他们自己的预言来迷惑任何一方"。[1]

〔1〕 吉姆·麦卡锡,"自我经营的编辑的防弹装置",编辑协会(维多利亚)专题研讨会笔记,2003年4月,第12页。

友好的关系固然好,但如果出现冲突的话自由职业者最容易遭到攻击。因此,大家强烈推荐书面协议。政府部门或者业余出版商一般拟定详尽的参考条款,但是图书出版商经常喜欢走捷径。表 11.1 介绍了一个图书出版商的例子,所涉及的清单就是编辑大纲(见表 3.2)。

表 11.1　在图书出版业中,几个简单的条款就够了

巴顿出版社
安义街 101 号
里士满, Vic. 3121

A. Manuensis 小姐
PO 88 号邮箱
Woop Woop. Vic. 3999

亲爱的 Manuensis 小姐。

这封信阐述了我们之间的协议,主要包括:

1. 你将编辑一本暂名为《澳大利亚和新西兰的大装潢商》的稿件,如附件清单上的标注,截至 2004 年 7 月 30 日。

2. 报酬是2 400美元加上 GST[1]。条件是你完成并且提交了定稿的作品,同时附上 GST 允许数量内的收据以及发票。

3. 应该承认,这是一份关于明确服务关系的协议,并没有在我们之间建立起雇佣与被雇佣的关系。

4. 你拥有雇佣其他人完成全部或者部分工作的权利,但要确保完成工作的质量符合巴顿出版社标准,并按时交稿。

5. 所有作品中产生的著作权(如果有的话)全部属于巴顿出版社。

如果您对此协议没有异议的话,请在这封信里附寄的副本中签名,并将末尾有签名的协议返寄过来。

你真诚的
金·巴顿
巴顿出版社

合同最好明确以下几点:

- 参与者:编辑以及委托人的姓名和地址

[1] GST: Goods and Services Tax　消费税——译者注。

- 工作：作者的姓名、出版物的标题以及原稿的简要描述
- 需要做的工作，以及双方的责任、权限以及义务：如果这个合同建立在像“文稿编辑”这样的专业术语上，就应该在附上的编辑大纲中明确或者参考“澳大利亚编辑实务标准”
- 产品的质量
- 接受原稿和交付完稿的时间
- 联系方式
- 协议变动程序：比如，指明合同只有在编辑和委托人达成书面协议的基础上才能够变更
- 报酬：明确是否包括 GST 以及诸如电话费、快件递送费等费用

你可以附加其余的一些条款，比如要求编辑信用排行榜（editorial credit line），或者申明如果作者或委托人由于诽谤或者侵犯了他人的著作权造成损失时，你有权获得补偿金，也可以规定万一稿件所处的环境发生了改变，可以终止这项协议。

自由编辑人如果雇佣了诸如校对员这样的转包人时，应该与他们签订书面协议。[1]

成　本

你的自由职业必须得有足够多的收入来支付四个方面的成本：资本投资的回报、管理费用、可变成本以及劳动力成本。

资本投资、管理费以及可变成本

计算你将资金投资在你的办公室所获得的回报——房间本身、家具和设备、计算机设备以及参考书阅览室——这些加起来有几千美元。考虑你如果将这些钱投资在别处是否能够获得更多的回报——投资股票、购买黄

[1] 加拿大编辑协会有标准的自由编辑协议，可从 www.editors.ca 中下载，可将其调整为适合澳大利亚的要求。

金、古董钟表以及开办养猪场。

管理费很容易被忽略，但是将你做生意的成本纳入到家庭开支中是不现实的。明确做买卖的费用，这样你能够在计算税收时，从经营收入中减去这部分费用。计算经营家庭办公室的管理费用——租金、物业费、维修费、清洁费——来分摊一部分家庭开支。最简单的办法就是根据房间数：如果你的屋子有6个主要的房间，其中一个是你的办公室，那么商业经营费就是所有开销的1/6。

对于自由经营者来说，可变成本一般占到工作成本的一小部分，它们包括文具费、电话费、邮资、快件递送费、旅游费以及广告费。

劳　动　力

当然，劳动力费用是自由职业中很大的一笔开支，但是往往被自由职业者低估。这项费用不仅包含你出色的编辑工作，而且包括经营费用以及间接成本(on-cost)。作为一项典型的工作，用在监控、沟通和管理上的时间大约占1/4，如我们在第3章中看到的。另外，像其他小企业经营者一样，你还必须花时间去开发市场、整理资料、与银行沟通以及计算帐目。

间接成本是劳动力的另一方面，但经常被忽略。你的自由职业应该支付工作的成本：每年休假、雇佣工人赔偿金、医疗费用、长期服务休假以及退休金。全职员工的薪水够支付所有这些费用，兼职员工只能收到占薪水25%的保险金附加费。在当今的薪酬标准下，为了与你在出版社工作的同事取得同等地位，你的预算中应包括公共假日以及4周带薪年假附带17.5%的保险金附加费(第1章贸易联盟下)。如果没有达到这些数目，你必须要清醒地评估：为了享受自由职业的自由，你牺牲了多少收入？

另外一项劳动力成本是维护你技能的支出。在瞬息万变的时代，作为一名知识生产者，你必须像上面的职业发展里介绍的那样对自己进行投资。

计算你的成本

表11.2列出了经营自由编辑业务所支付的成本。它们并不适用所有的情况——已经开业的编辑无需在广告上花费太多；如果你不雇佣别人的话也不需要工人们的合作——但是你在经营中需要花费表格中所有费用的话，加起来的数额也是难以应付的。不论你按照何种标准计算，根据小时、页数或

者工作量，但在赚钱之前你必须支付所有这些相关的费用。

表 11.2　经营自由编辑业务的费用（包括折旧）

项目	美元
办公室 房屋租金或住房开支（包括会议费用） 供暖、照明、供冷 清洁	
通讯 电话 自动应答服务 传真 国际互联网	
保险 收入保障 生活 办公室设备 专业赔偿金 公共责任 雇佣工人赔偿金	
会员，专业进修	
打印耗材：信纸、打印设备	
旅游和汽车费用	
维修费用：电脑、打印机等	
软件的升级和更新	
参考用书、专业期刊	
广告和市场开发费用	
邮资、快件递送费	
假期和医疗费	
退休金	
税收	
其他（法律和财务咨询、银行费用等）	

来源：改编自 Janet Salisbury 的"评论引述"，会议记录

现 金 流

如果你不能适应现金流转巨大波动的话,就忘了自由编辑工作吧。许多时候你都是身无分文的,可突然之间你又买得起小汽车了。只有足够的储备才可以让你心平气和。

一些自由职业者按照原稿需要的编辑工作量将稿件依次排序——最大程度、中等程度以及较小程度——然后对不同等级按照每一页进行收费,包括管理费、劳务费以及其他费用。按照小时收取费用是现在通用的做法,让我们来看看这种方式。

按小时计算费用

如果你能够完全执行"澳大利亚编辑实务标准"的话,我认为你每小时至少值50美元:对于这种技术和知识贮备来说,比这个标准还低的话就很可笑了。许多图书出版商不同意我的观点,但是公司和政府工作的薪水经常比这个数目还高。新西兰的图书业每小时大约35—50新币,英国从15英镑起,而在美国大约是25美元[1]。公认的校对一本出版物的成本是文稿编辑的一半。

作为一个自由职业者,你要使你按小时计算的费用够支付表11.2中所列出的所有开支。一些编辑按照不同的服务来确定每小时收取不同的费用——工程管理、内容编辑、文稿编辑、校对。决定收费标准的一种方式是根据你希望从经营中获得的净收入,然后在表11.3中填入数字来计算出你每个小时必须收多少钱才能够实现这些收入。

---

〔1〕 凯西·邓斯福特,个人通信;卡罗尔·皮尔斯,"世界上自由编辑的收费率:如何比较?",编辑协会(维多利亚),时事通讯,第8册,第32卷,2003年2月,第9页。

表 11.3 根据净收入要求计算每小时收费金额

条款	美元
净收入要求	
附加:费用(见表 11.2)	
所需总收入	
每星期工作的小时数	
每年工作的周数	
每年工作的小时数	
每年应该付款的小时数 75%	
每小时的收费金额	

来源:改编自 Janet Salisbury 的“评论引述”,会议记录

没有必要告诉你的委托人每小时收多少钱。如果他一定要问,谨慎地告诉他你的会计建议你不要公开,以及你宁愿按工作量确定价格而不是按小时收费。选择按小时付费的委托人是很蠢的,因为一些编辑比其余的人工作要快得多。

公平的价值评估

当要求你提供评估或标书的时候,将价格压低一点是很有诱惑力的,因为你不想漫天要价而失去市场。建筑商以及工程师一般希望在他们开价的基础上降低 10%,因为他们的价格太高了,这是一个可以参考的好规则。如果你成功地从事自由职业多年,你一定做了一些正当的事情。在市场中获得一些权利后,为了获得合理的报酬,不要担心运用这些权利。拒绝预算很低的工作实际上可以提高你的声望。因为如我们已看到的,有些工作简单得不值得去做。在你准备评估一项工作时,有必要问一下委托人他的预算是多少,他有可能支付不起你的服务。

在你了解整个工作之前(包括图表和附录),不要给出明确的估价。如果你必须基于原稿的样本给出一个价格的话,就要明确地以书面形式告诉你的委托人这不是固定不变的,你保留当你检查所有资料时调整它的权力。

一般情况下，当遇到一些比较严重的但不是很容易预见的问题时，出版商都愿意重新协商费用。

在大多数工作中，你都希望与委托人的业务关系能够继续，所以必须给出公道的价格。如果你认为有太多的不定因素而不能给出确定的估价时，应留有余地，说明你的价格可能会有上浮或者下调 10% 的变化。为了对你的委托人公平，你必须在一切进展顺利的情况下收取较低的费用，而如果遇到了很多问题的话，你也不必为收取最高的费用而感到内疚。当遇到一些麻烦事，你也希望改变自己的收费，对于一些意气相投和可以信赖的人，给他们一个小折扣，对于那些很麻烦、要求又多的人则收取额外的费用。

发　票

尽早寄出你的发票。发票应包括你的姓名和住址、你的 ABN[1]，如果你在 GST 上面登记的话，发票上应有“税收发票”的字眼以及委托人的姓名和住址。明确这项工作包括作者的姓名以及书名（如果需要的话，一套书、一册书或者编辑号码），并声明你已做的工作——读者报告、文稿编辑、核对初校样。明确应付金额以及你是如何确定的——评估出来的最终费用，或者工作的时间以及按小时计算的费用。你应该明确你的条款。在出版行业一般是 30 天，但你可以要求在 7 天内付款；政府部门一般需要 90 天。

分期付款

如果你负责与作者联系，在完成编辑工作之前，你必须等待作者回答你的疑问。尽管已经做了大部分的工作，在你能够交付这项工作以及发票之前，这可能会拖延一段时间。一部需要大规模修改的书稿可能会断断续续拖延几个月，因为作者需要考虑一系列的问题以及解决办法，或者一个项目遇到某些原因可能会推迟。在这种情况下，如果你要求的话，大多数出版商会根据工作的进展渐次地支付款项，尽管签订协议的时候没有预见到这个情况。因此，应做详细的记录，以便你和委托人都知道哪些已经支付。一项时间较长的项目，可以要求按月付款。

[1] ABN：Australian Business Number　澳洲商务号码——译者注。

延期付款

委托人可能会在付款方面拖延。你在出版社内的熟人是很难对此负责的,所以不要对你的委托人表示生气。事实上,尽量做到一点都不生气,把这个当作一项普通的商业事务。有些声誉好的图书出版商认识到了自由编辑人以微小的毛利经营,所以会有礼貌地按时付款。对于那些不按时付款的,一些自由职业者会送上欠款通知,并强烈要求付款;另一些人会与财务部门联系,希望得到特殊的待遇。对于那些经常拖延付款的委托人,你可以在发票上确定比你的估价高的数字,而如果能在30天内付款的话,给予相当的折扣。

工作流程

自由职业有很多方面的优点,但是潮水般的工作并不是其中的优点。日程安排是使自由职业生活烦恼的事。你几乎不对三个星期以后的事情做出计划,也很难知道六个星期后你在做什么。

日程安排

为了保证稳定的工作,你不得不接受超额的预约,也就是说接受比你能够处理的事情多一些的事情。稿件很少能够在预定的时间内到达,有时候甚至拖几个月,所以如果你没有接受超额预约的话,你也许有一段时间会无事可做。当然,有时候事情不像你想象的那样;所有东西都准时到达,你不得不根据商议的最后期限疯狂做事。所以,做日程安排的时候,多安排一些力不能及的事情,尽管有时候你得拼命地干活。

有些看起来固定的日程表会一下子土崩瓦解。假设现在是4月份,你已经将工作排到了5月份——两份原稿以及两套校样——在6月份将会有更多的工作。忽然你发现所有5月份的工作都由于这样或者那样的原因而延期。你不仅在这个月内既没有工作也没有薪水,而且6月份将会非常恐怖,因为5月份的工作都堆积在了6月份。在这种情况下,你有三种可能的行动方案:

- 看一下是否 6 月份的工作能够提前。
- 给你所有的熟人打电话,看你能否在短期内凑成一些工作。
- 享受一个原来没有计划的假日。

表 11.4　典型的自由职业的日程表

5 月	期限内	正在处理	超出期限
1	Leslie 图片和插图说明	编辑 Martin 的原稿	
2			
3	Vincenzo 的索引	↓	Martin 的作者质疑
4		编辑 Vincenzo 的索引 V	incenzo 的索引
5	检查 Leslie 的图片,编辑插图说明	Leslie 图片和插图说明	
6			
7			
8	Hussein 的作者修正	完成 Hussein 的原稿	
9			
10	Aberfoyle 的原稿	↓	
11		编辑 Aberfoyle 的原稿	Hussein 已编辑过的原稿
12			
13		↓	
14			
15	Heinz 的原稿	编辑 Aberfoyle 的原稿	
16			
17			
18		↓	
19			
20			

表 11.4 是一个典型的日程安排表，它依照表 2.2 规划的工作流程；如果还从事其余的工作，比如搜寻图片，你就需要安排额外的工作时间。我用铅笔来写日程安排表，因为它经常发生变化。

约定的时间，表 11.4 的第 1 列内容，具有弹性，可以推延。第 2 列是根据你对工作要花多长时间的估计而填写的任务（第 3 章）。如果你对于压力没有较好的忍耐力的话，就做比较宽松的时间评估，以便适应不可避免的调整。第 3 列是你必须完成的最后期限。如果你雇佣了转包人，则需要再加两列，来显示你交付以及收回的工作。

当你收到一份工作的日程安排时，填上所有工作的最后期限直到校样和索引。检查你的日程表看看应该注意什么。在一项工作快到期的时候，打电话确认它是否按安排进行。如果一些材料没有准时到达的话，要查清楚发生了什么事。如果委托人或者作者在很长时间杳无音信，应主动联系他们以确保没有任何问题。

让我们看看表 11.4 的日程安排是如何付诸实践的。假定 5 月 1 日，星期一上午，你正在处理马丁的原稿，想赶在星期三完成，然后进入向作者提出质疑阶段。这时电话响起——一个很重要的客户有一项紧急的工作需要完成。这是一部 300 页的手稿，经验丰富的作者，没有图片、表格以及脚注，两个星期内完成后进入向作者提出质疑阶段。你将会如何处理呢？

你会答应。提供给你的那项工作听起来很简单，大约需要 4—5 天时间的工作。如果查看一下日程表，你会发现已经排满了，但是实际上没有多少工作要做。雷斯里的图片以及 Vincenzo 的索引可能会也可能不会在这个星期交过来；不管怎样，他们中的任何一项工作只需要半天的时间而不是你已承诺的一整天。Hussein 可能会也可能不会在下周一之前完成修正。Aberfoly 和 Heinz 的原稿仅仅是答应了，但是没有最后的期限；即使它们准时到了，你也有几周的时间来编辑。因此你有充足的时间来完成提供给你的那项工作。

安排工作日程时有个通用的法则，越是后面的工序，越是要优先考虑。因此你会将一份稿件放在一边，而去校对另一份稿件，将初校样放一边而进行二校，等等。

假　期

任何时候,你都好像有一堆处于不同阶段的工作需要完成。当一切进展顺利的时候,你可以利用日程表安排中的间隙出去休息一下。如果你计划周详的话,委托人和作者都不会知道你不在办公室。然而休几个星期的假也不是一件容易的事情。你必须终止所有的项目或者为某人提供资讯以便接管。此外,一旦委托人知道了你不在,好像有些欺骗。因此,当你回来时(或者回来之前),你就要大张旗鼓让他们知道你回来了并期待工作。至于准备休假的经费,参照上面介绍的成本部分。

得到工作

一个自由编辑人需要参与市场竞争才能建立起生意和声誉,跟上整个行业的变化,以及在竞争中立于不败之地。[1] 第一步是回顾你的经营,分析营销学中的4Ps:产品、价格、渠道以及促销。做了这项工作之后,你可以设计出方案并做出市场开发计划。你的促销材料应该展示你提供的产品——决不容忍错误、精准的设计图标、最重要的是文字表达能力,"小聪明"和俏皮话可以给人留下深刻印象,但面对预期客户时应当把握尺度。关于市场开发的图书可以在书店的经营部分以及在图书馆中按杜威分类法的620s的位置找到。

在图书出版业为了获得自由职业的工作,你必须了解那些看重你的工作并且打算雇佣你的人。澳大利亚的图书出版业相对较小,并且已经形成的网络很难打破。如我们在这一章的开始所说,在你还没有建立良好的关系网络之前最好不要从事自由职业。参加一些行业典礼、培训课程,加入编辑协会,参加作者们的节日聚会,以及参加会议,都可以帮你培养这些关系。

互相引见可以帮助你经营自己的买卖,与那些你了解其工作的编辑建立起联盟,这样在你忙不过来时可以将工作推荐给他们,而他们也会以此回报你。如果你可以向委托人推荐一些能够胜任的专家来做例如校对、编索引、插图、设计以及法律咨询等辅助性的事务的话,你也可以提升在顾客中

[1] 此段引自雷内·奥特玛,"营销你的自由编辑业务",发表于2003年7月CASE召开的全国会议的专题研讨会上。

的价值。

编辑协会出版了《自由职业登记表》(Freelance Registers Listing),为成员提供服务,挂在他们的网上,并分发给出版商和一些雇佣编辑的人。这种做广告的费用相对较低,并且对于目标用户的针对性也很强。

除了广告之外,仔细调查一下你希望合作的出版商,然后直接与他们联系,这里有机会表现出你的创造性。如果你发现一本明显没有经过编辑的书,主动给出版商写信,说明这本书的问题,以及你如何改进的方法,这是一种莽撞的策略。你应该表明你可以让这本书真正地不同于底稿,这不仅仅是在标点上吹毛求疵,而是让它产生效果:我就是靠这种办法获得了一个客户。

不要将自己局限于图书行业,而要把自己推销给政府部门、企业客户、一些没有开发的家族企业以及非政府组织。通过英特网你也可以在世界范围内的英文出版社中申请到自由编辑职业的工作。[1]

没有工作的时光

你肯定会有一段时间无事可做——演员将其称为"小憩"。有时候这仅仅是工作之间的一个暂停。你将工作安排好,然后等待他们的到来。有时候你也许看不到接到工作的希望。这是令人着急的,那你必须找到应对的策略。

图书行业按年循环往复地运行。秋天和冬天比较平稳,但早春就有点混乱。到 11 月份,关于圣诞节的大众图书以及新学年的教育类图书正在印刷,这对于自由编辑职业来说是一个很宽松的时期(但也是在公园里的好时光)。12 月份,有前瞻性的出版商就开始为来年的工作组织合同了。假期是一个很适宜的目标选定时期,许多作者将他们的书稿在圣诞夜交给出版商,所以你有可能在 1 月份的时候接到很多的电话。

一旦你发现自己的日程安排比较空闲,应主动给你的熟人打电话。这样做没什么好害羞的:出版行业的人都知道,日程表会突然改变,让你很忙或者很闲。幸运的话你可以获得一两项工作,同时要积极地安排你的时间。

---

[1] 例如,新闻工作网站(Newsjobs Network),www. newsjobs, net/usa/default. asp 中列出了英国、加拿大和美国的工作机会。

在头几天，在工作时间内做一些与工作相关的事情。做一些市场调查以及更新你的经营计划。经常还会有档案以及税收记录——这就是管理部门都知道的“没有账单”的时间。如果你还有多余的时间，多了解一下 Microsoft Word 的用法以掌握更多捷径，或者读一些参考书，重新学习一些细微之处，比如说标点符号的用法。

有时候你已经做了能够想到的所有的市场开发，把所有的资料档案都整理好了，但还是没有工作来解救你——空闲的时间没有期限地向前延伸。这就需要做巨大的心理调整，就像远洋邮船转弯。在家工作的时候，你对杂物、灰尘、杂草视而不见，当你突然手头上有时间的时候，你要努力认识到其实过去你也可以打扫一下的。你可以利用这个时间放松自己，款待自己，这种放纵是你平时繁忙的日程安排所不允许的，也可以享受一个短暂的假期。当工作来临的时候，你又要开始争分夺秒，那时你会怪自己没有好好利用这个空闲时间了。

如果你的工作生活是弹性的、自主的、有纪律的，能够调整来适应自由编辑职业比较特殊的要求，那么，你会在不断变化的时运交替中发现你的职业生涯是一笔宝贵的财富。

附 录

澳大利亚编辑实务标准

澳大利亚编辑协会理事会,2001 年

前 言

编辑处于任何一个出版项目的中心地位,他们致力于整合作者、读者和出版委托人的需求。

编辑关注出版物的整体和细节。他们确保出版物的核心内容、结构、语言、风格和与出版目的、读者群相吻合的版式,为该出版物的定稿设置相应的质量标准。

“澳大利亚编辑实务标准”涵盖了熟练编辑应有的知识和技能,当然,编辑的工作职责和特殊项目的需要会使每个标准有相应的变化。编辑也要意识到,他们还需要寻找和应用其他行业的专业知识。

该标准现已建立起来:

- 作为编辑判断自己知识和技能是否全面的基础
- 促进编辑自身和整个编辑职业的发展

该标准也能帮助出版委托人了解编辑提供的服务范围,引导教育机构开设编辑课程。

该标准由澳大利亚编辑协会理事会(CASE)标准工作小组(SWG)制定,得到澳大利亚编辑协会成员单位的通过,并由澳大利亚编辑协会理事会批准认可。该标准每三年审议一次,请将意见告知最近的组织成员。

制定该标准的工作小组使用了加拿大编辑协会的“编辑职业标准”作为开头,引用了成员单位堪培拉编辑协会的委托检查清单作为参考文献。澳大利亚编辑协会各成员单位对该标准的草稿提出了宝贵的意见和批评。

A.

出版过程、惯例和行业实务

编辑需要了解出版过程中所含步骤,了解纸质和电子出版物的行业实务标准,以确保编辑信息与出版团队中的其他工作起到相互补充的作用。

因此,编辑工作涵盖了下列知识:

A1 概述

A1.1 不同的出版物类型、目的、读者群以及与它们对应的编辑工作和生产工艺选择。

出版物可以是印刷制品(如图书、报告、小册子),也可以是在计算机屏幕上浏览的电子出版物(如网页、光盘)。

A1.2 不同出版物类型、发行模式的可达性、成本、生产过程和日程表。

A1.3 出版过程中包含的步骤,各步骤之间的关系,以及它们对最终成型的出版物的影响。

这些步骤包括出版计划、编辑、设计、版式设计、校对、导航、建索引、印刷工艺(如生产检查、装订、分发)、电子出版工艺(如程序设计、测试、上传或复制、网站维护)和市场营销。

A1.4 时间、成本、质量之间的平衡,以求与出版目的相一致,就时间、成本和质量所作出的选择对最终产品产生的影响。

A1.5 出版团队的简要工作范围。

一般而言，出版团队需要的专业知识包括项目管理、编辑、设计、插图、摄影、电子出版、字处理、排版、校对、编索引、预压、印刷、网站维护、市场营销等方面，视具体项目而变化。

A1.6　出版业所使用的技术和术语以及新兴的趋势。

A2　编辑和校对

A2.1　编辑在出版项目中所扮演的各种角色及其所承担的责任、权利和义务的准确界定。

A2.2　对于不同出版物，编辑介入原稿的程度，以及对这种介入程序的认同。

A2.3　编辑的标准参考资料。

A2.4　读者获取和理解信息的方式。

A2.5　字迹清楚的原则。

A2.6　印刷制品和电子出版物的素材构建原则。

A2.7　澳大利亚认可的拼写、标点符号、语法、习惯用语，也包括全国和全世界的语言使用趋势。

A2.8　编辑和校对阶段，以及何时需要重复这些阶段，以确保编辑工作的完整性。

A2.9　出版物的传统组成部分和一般组织安排。

A2.10　引用资料的惯例。

A2.11　正文排版和校对改正中的标准符号。

A2.12　职业编辑工作的费用率范围。

A3　法律和道德关怀

A3.1　诽谤、中伤、淫秽、歧视性语言、知识产权、剽窃、精神权利和著作权等概念的通用定义，及其对出版物的应用。

A3.2　贸易惯例和商标，隐私和信息自由，社会公正、获取和平等权，尚未裁决的事项和议会特权等方面对出版立法的影响。

A3.3　法定保证金要求和登记操作。

登记操作内容包括在版编目(CIP)数据、国际标准书号(ISBN)和国际标准刊号(ISSN)。

A3.4　需要在出版物上载明的法定信息。

这些法定信息包括出版商的名称、地址、致谢和著作权公告。

A3.5　获准再生产所需的材料，以及获得许可的程序与责任。

A3.6　何时提出对于法律意见的需要。

法律意见通常是关于诽谤、剽窃、精神权利和其他来源材料的再生产。

A3.7　编辑实务中的道德关怀。

道德问题的两个例子是职业客观性和保密性。

A3.8　文化敏感性。

A4　设计、排版和版式

A4.1　专业设计信息的价值。

A4.2　运用设计元素来传递思想、提高可读性。

设计元素包括字体、版式、颜色和插图。

A4.3　排版印刷的特点，及其对不同载体可读性的影响。

排版印刷的特点包括衬线字体和无衬线字体、退格技术、行距、字号、字母大写、行宽和列宽。

A4.4　不同载体对插图的要求，包括将其放入指定位置的技术和保证图片在最后成型的出版物中处于正确位置的技术。

此处“插图”为广义的概念，包括素描、卡通、图解、图表、曲线图、地图、照片、计算机生成图片和动画。

A4.5　不同再生产过程对应的技术要求。

技术要求包括颜色系统、纸张大小、屏幕分辩率和文件大小。

A4.6　样本设置的需要和出版物篇幅的估计。

样本设置是选择有代表性的出版物设计元素而形成的材料；作为一种校样来准备，如果需要，要对设计元素进行评审和修改。

A5　编辑实务的有关技术

A5.1　编辑工作中字处理软件的使用。

与编辑工作有关的内容包括字体、修改标记、搜索与替换、标题检查、拼写检查、语法和语言标准。

A5.2　处理电子文档的技术。